Ortrun Wagner

Waldkatzen

Maine-Coon-Katze – Norwegische Waldkatze – Sibirische Waldkatze

Ortrun Wagner

Waldkatzen

Maine-Coon-Katze – Norwegische Waldkatze – Sibirische Waldkatze

Praktische Ratschläge für Haltung und Pflege

Mit 82 Abbildungen, davon 78 farbig

Parey Buchverlag Berlin 1999

Parey Buchverlag im
Blackwell Wissenschafts-Verlag
Kurfürstendamm 57, D-10707 Berlin

e-mail: parey@blackwis.de
Internet: http://www.parey.de

Das Kapitel „Ernährung“ wurde von Dipl.-Vet.-Med. Lutz Salomon verfaßt.

Die Deutsche Bibliothek – CIP-Einheitsaufnahme

Waldkatzen : Maine-Coon-Katze – Norwegische Waldkatze – Sibirische Waldkatze ; praktische Ratschläge für Haltung und Pflege / Ortrun Wagner. – 1. Aufl. – Berlin : Parey, 1999
(Die besondere Katze)
ISBN 3-8263-8507-1

Einbandgestaltung: Rudolf Hübler, Berlin, unter Verwendung einer Abbildung aus dem Besitz der Autorin

Satz und Repro: Type-Design, Berlin
Druck und Bindung: Grafos S. A., Arte sobre papel, Barcelona

Gedruckt auf chlorfrei gebleichtem Papier

Printed in Spain • ISBN 3-8263-8507-1

Vorwort

Man sieht es auf den ersten Blick: Unter all den lang- und halblanghaarigen Katzenrassen, die wir heute kennen, nehmen die drei Waldkatzenrassen Maine Coon, Sibirische und Norwegische Waldkatzen eine besondere Stellung ein. Der fundamentale Unterschied, der sie von den anderen trennt, liegt in ihrem Aussehen wie auch ihrer Herkunft begründet. Waldkatzen wurden nicht nach züchterischen Idealvorstellungen künstlich kreiert. Sie waren eines Tages da. Als „Naturrassen" hatten sie sich in verschiedenen Teilen der Welt von selbst entwickelt, naturnah und robust im Aussehen ebenso wie in ihrer Wesensart. Die Erinnerung an ihre Vergangenheit scheint in jeder Waldkatze noch lebendig. Ob frei kletternd auf einem Baum oder sittsam im Ausstellungskäfig auf Seidenkissen gebettet, sie ist Schmusekatze wie auch geheimnisvoller Waldgeist, tapfere Rattenjägerin, treue Begleiterin und furchteinflößende Bewacherin ihrer Behausung. Ist sie mit Wildkatzen verwandt?

Das vorliegende Buch erklärt ihren besonderen Charakter, ihre Vorzüge, Eigenarten und speziellen Bedürfnisse und zeigt auf, wie Waldkatzen im modernen Haushalt integriert artgemäß und zufrieden leben können. Angefangen von Tips zu Überlegungen vor einer Entscheidung zur Adoption einer oder mehrerer Katzen über zahlreiche praktische Ratschläge zur Eingewöhnung, Ausstattung, Ernährung, Erziehung, Haltung und Gesundheitsvorsorge, die Diskussion, ob Freilauf oder Stubenhaltung und Kastration bis hin zu ihrer speziellen Anatomie und den erstaunlichen Sinnesleistungen enthält das Buch alles, was Waldkatzenfreunde und -halter wissen wollen. Ausführliche Rassestandards, Hinweise zum erfolgreichen Ausstellen und grundlegende Fragen zur Zucht von Waldkatzen erleichtern den Einstieg in die aktive Cat Fancy. Ein besonderes Kapitel ist dem Thema „Kind und Katze" mit pädagogischen und hygienischen Tips für ein problemloses Miteinander gewidmet. Wie sich die angeborenen Verhaltensweisen und Instinkte von Waldkatzen im Zusammenleben mit Menschen bemerkbar machen und wie Konflikte oder Verhaltensprobleme vermieden werden, beschreibt die „Kleine Katzenpsychologie", die mit einem praktischen Ratgeber zu häufigen Verhaltensproblemen abschließt.

Das in sich geschlossene und vollständige Werk bildet den Auftakt zu einer mehrteiligen Buchreihe. Fast gleichzeitig erscheint der Band „Hauskatzen“, in der Folge „Kartäuser und Europäische Kurzhaarkatzen“, „Nicht-Europäische Kurzhaarkatzen“, „Perserkatzen“, „Halblanghaar-Katzen“, „Siam- und Orientalische Katzen“. Für Idee und Anstoß zu der neuen Buchreihe danke ich an dieser Stelle Herrn Dr. Wilfried Peper, auf dessen Initiative das Projekt beruht. Mein besonderer Dank gilt den Fotografen Kley (Schmalkalden), Lohs (Wörth), Oeser (Heppenheim), Wegner (Lünen) und Weigl (Weinheim), die mir hervorragende Fotoarbeiten zur Verfügung stellten. Ein herzliches Dankeschön gilt den Freunden und Züchtern von Waldkatzen, die mich großzügig mit Fachinformationen und vor allem mit Bildern in so großer Zahl versorgten, daß nicht alle Verwendung finden konnten. Dafür bitte ich um Nachsicht. Herrn Dr. Salomon sei Dank für den Beitrag über artgerechte Ernährung, Frau Waltraud Düber für die geduldige Durchsicht meiner Manuskripte und nicht zuletzt dem Parey Verlag im Blackwell Wissenschaftsverlag, der den Waldkatzen und ihren Liebhabern ein nobles Forum zu Darstellung, Information und Kommunikation bietet.

Möge das Buch seinen Lesern Freude bereiten und zu noch besserem Verständnis ihrer schnurrenden Lebensgefährten beitragen!

Heppenheim, April 1999
Ortrun Wagner

Inhalt

Für „Osi"

Herkunft und Entwicklung der Waldkatzenrassen

Man sieht es auf den ersten Blick: Unter all den lang- und halblanghaarigen Katzenrassen, die wir heute kennen, nehmen die drei Waldkatzenrassen Maine Coon, Sibirische und Norwegische Waldkatzen eine besondere Stellung ein. Der fundamentale Unterschied, der sie von den anderen trennt, ist in ihrem Aussehen wie auch ihrer Herkunft begründet. Während die meisten nach dem Vorbild erdachter Rassestandards als „Kunstrassen" kreiert wurden, verdanken die Waldkatzen ihre Entstehung und Entwicklung nicht züchterischen Idealvorstellungen. Sie waren eines Tages da – als „Naturrassen" hatten sich in Nordamerika, Rußland und Skandinavien die drei Varianten langhaariger Katzen ohne besonderes Zutun des Menschen von selbst entwickelt, naturnah und robust im Aussehen ebenso wie in ihrer Wesensart. Ihre Ähnlichkeit untereinander läßt auf Verwandtschaft schließen. Die eigenständige Herausbildung ihrer Rassen verweist auf Parallelen zur Entwicklungsgeschichte der Hauskatzen, ohne die die gegenwärtige bunte Welt der Rassekatzen nicht denkbar wäre.

Vor- und Frühgeschichte

Die Familie der Katzen reicht weit zurück in die Vergangenheit. Das älteste katzenähnliche Wesen *(dinictis)* lebte vor 40 Millionen Jahren. Es hatte einen runden Kopf, lange Eckzähne und etwa die Größe eines Luchses. Von ihm stammen alle Landraubtiere ab, auch unsere Katze *(felis)*, die zur Gattungsgruppe der Kleinkatzen *(felini)* zählt.

Die ersten echten Katzen begannen, wie fossile Überreste zeigen, vor etwa 12 Millionen Jahren die Erde zu bevölkern. *Felis lunensis*, eine direkte Urahnin der Wildkatzen, Hauskatzen und damit auch aller Rassekatzen, lebte schon vor der Eiszeit. Ihre Nachfahren breiteten sich über ganz Europa, Asien und Afrika aus und entwickelten sich im Verlauf von Jahrtausenden zu den drei Haupttypen Europäische Waldwildkatze *(felis silvestris silvestris)*, Afrikanische Wildkatze *(felis silvestris libyca)* und Asiatische Wüstenkatze *(felis silvestris ornata)*. Sie sind die Vorläufer der Haus- und Rassekatzen von heute.

Ahnen und Verwandte

Die Europäische Waldwildkatze

Die Katze ist das einzige unserer Haustiere, das nicht gezähmt werden mußte, sondern sich dem Menschen freiwillig anschloß. Früher glaubte man, daß sich in den verschiedenen Teilen der Welt aus den jeweils natürlich ansässigen Wildkatzenpopulationen mit der Zeit die unterschiedlichen Typen zahmer Katzen herausgebildet hätten. Doch das wird inzwischen – weniger aus anatomischen als vielmehr aus verhaltenstypischen Gründen – bezweifelt.

Die Europäische Waldwildkatze, einst weit verbreitet, dann fast ausgerottet, heute unter Naturschutz in deutschen Waldgebieten allmählich wieder heimisch werdend, galt bis vor gar nicht langer Zeit nicht nur als eigentliche Stammutter der kräftigen, rundköpfigen europäischen Hauskatze, sondern auch als unmittelbare Vorläuferin unserer rassigen Waldkatzen. Das ist nicht verwunderlich, sehen sie einander doch verblüffend ähnlich, vor allem in der kalten Jahreszeit, wenn die kraftvolle Gestalt der muskulösen Katzen in dicken Winterpelz gehüllt ist. In freier Natur sind graubraune, dunkel getigerte Exemplare aber auch zur Sommerzeit, wenn das Haarkleid weniger üppig ausgebildet ist, nicht ohne weiteres als domestizierte Katzen zu erkennen. Nur der Schwanz ist bei Wildkatzen kürzer, dicker, weniger fedrig behaart, mehr abgerundet und stets schwarz endend.

Daß jedoch die täuschende Ähnlichkeit mit zahmen Katzen rein äußerlich ist, zeigten Zähmungs- und Zuchtversuche. Echte Waldwildkatzen lassen sich nicht näher mit Menschen ein. Selbst handaufgezogene Wildkätzchen meiden die ihnen bekannten Menschen spätestens von der Pubertät an und lassen sich nicht dauerhaft zähmen.

Dennoch sind die wilden Gattungsverwandten bei der Haustierwerdung der Katzen insofern am Rande beteiligt, als sie sich durchaus hin und wieder mit domestizierten Haus- oder Rassekatzen paaren, wenn die Lebensräume einander überschneiden. Die halbwilden Nachkömmlinge von Rasse- oder Hauskätzinnen, die sich mit einem Wildkater eingelassen haben, erkennt man am Verhalten: Sie sind scheuer, wilder und aggressiver als die Mutter. Fachleute meinen, daß im Zuge der wachsenden Zersiedelung Europas heute in praktisch allen Wildkatzenbeständen auch Hauskatzenblut vorhanden ist und umgekehrt in ländlichen Gebieten viele Hauskatzen einen Schuß Wildkatzenblut bekom-

Eindrucksvoller Maine-Coon-Kater der ersten Jahre deutscher Zucht (geb. 1982 in Berlin)

men haben. *Felis silvestris silvestris* ist somit zwar eine nahe Verwandte, vom Verhalten her scheidet sie jedoch als wesentliche Ahnin der zahmen Waldkatzen aus.

Die Nubische Falbkatze

Als dagegen recht zutraulich gilt die in Afrika beheimatete nubische Falbkatze. Sie ist schlank und eher klein, mit schmalem Kopf, großen Ohren und langem spitzen Schwanz, sandfarben bis rötlichbraun mit mehr oder weniger starker Flecken- oder Streifenmusterung und kurzhaarig. Da wilde Falbkatzen immer wieder die Nähe des Menschen aufsuchen und leicht handzahm werden, nimmt man an, daß die Hauskatzen im wesentlichen von *felis silvestris libyca* abstammen, vielleicht zum Teil auch von der in den Steppengebieten Asiens beheimateten Asiatischen Wüstenkatze *felis silvestris ornata*, einer eher zierlichen, sandfarben bis rötlichen, hübsch gefleckten, ebenfalls kurzhaarigen Katze mit langem, spitz zulaufendem Schwanz.

Spuren im Orient

Wann genau und wo aus wilden Katzen einst Haustiere wurden, ist schwer zu präzisieren. Kunst- und Kulturgeschichte weisen auf eine jahrtausendealte Freundschaft zwischen Katzen und Menschen hin. Allgemein wird das alte Ägypten als Ursprung der Katzenhaltung angenommen, doch Archäologen fanden in Kleinasien erste Spuren der Gemeinsamkeit von Mensch und Katze aus vorägyptischer Zeit. In der türkischen Stadt Alischar fand man Statuetten aus der beginnenden Bronzezeit von Frauen, die mit Katzen spielen und sie säugen. Bei Ausgrabungen in Jericho, der ältesten Stadt der Welt, wurden 7000 Jahre alte Katzenskelette entdeckt, möglicherweise Steppen- oder Wüstenkatzen, die bereits damals in Gesellschaft von Menschen lebten. Einige können von dort leicht nach Ägypten gebracht worden sein, wo sie sich mit den zutraulichen Falbkatzen vermischten: Vorfahren der sagenhaften Pharaonenkatzen!

Als Beschützerin der Kornkammern avancierte die Katze alsbald vom gerngesehenen Dauergast zum geliebten Haustier, um schließlich als heilig verehrt zu werden. Zentrum der Katzenverehrung war Bubastis. Dort wurden Abertausende von Katzen nach ihrem Ableben gesalbt und mumifiziert auf speziellen Katzenfriedhöfen beigesetzt, damit sie in Begleitung der Katzengöttin Bastet, von den Ägyptern dargestellt als Frauengestalt mit Katzenkopf, in die Ewigkeit eingehen konnten. Zum Schutze der Katzenseele, die sich nach damaliger Vorstellung in der Mumie aufhielt, gab man für den Fall ihrer Zerstörung stets noch eine Katzenplastik aus Bronze, Stein oder Holz als Ersatzwohnsitz für die Seele mit in das Grab der Katze. So kommt es, daß 1890 beim Ausräumen der Gräberfelder von Bubastis und Beni Hassan unzählige Katzenfiguren aus jener Zeit gefunden wurden. In Museen und Sammlungen geben sie uns heute besser als die erhaltenen Wandbilder und Papyrusfragmente Aufschluß über das Aussehen der ägyptischen Katzen vor rund 4000 Jahren: Schlank und muskulös, mit keilförmigem Kopf, hohen, aufmerksam gespitzten Ohren und großen Augen. Sieht man von der Behaarung ab, kann der Typ jener Katzen als dem der Waldkatzen durchaus nicht unähnlich bezeichnet werden. Doch wie kamen sie in die rauhen Wälder des Nordens?

Einbürgerung in Europa

Souvenir und Pet

Obwohl der Export von Katzen aus Ägypten streng verboten war, gelang es immer wieder, einzelne Exemplare außer Landes zu schmuggeln. Bald gelangten Katzen mit den Phöniziern nach Europa, bald nahmen Persische Eroberer sie als außergewöhnliche Souvenirs mit nach Hause, römische Legionäre brachten sie nach Rom.

Auch Händler hatten ihren Anteil an der Verbreitung der Katze. So ist überliefert, daß ein hellenischer Kaufmann, der in Tarent ein großes Handelshaus betrieb, rund 400 v. Chr. seiner Frau von einer Geschäftsreise nach Cyrene (Libyen) ein kleines Kätzchen nach Süditalien mitbrachte. Die Frau war begeistert. Hatte sie bisher zur Mäuse- und Rattenvertilgung ein Wiesel gehabt, so gefiel ihr das neue Tierchen viel besser, denn es ließ sich streicheln! Seitdem gab es in Italien Katzen als Haustiere. Apulische Vasenmalereien aus damaliger Zeit zeigen mit Katzen spielende Damen. Es wurden sogar Münzen mit Katzenprägung gefunden.

Als Schiffskatzen oder als Geschenke kamen Katzen auch nach Griechenland, wo sie damals allerdings noch nicht heimisch wurden. In Italien starb die Hauskatze innerhalb eines Jahrhunderts wieder aus. Nur in den Fabeln des Äsop überdauerte sie, vorwiegend als etwas undurchsichtiger, berechnender Charakter.

Nutztier Catus

Während in den Behausungen der Menschen vorwiegend Hausschlangen und Wiesel für die Beseitigung schädlicher Nager zuständig waren, zogen mit der Zeit Katzen in Europa ein. Mitgeführt durch römische Legionäre fanden sie ihren Weg bis nach England. Doch erst im 5. Jahrhundert erkannte man ihren unschätzbaren Nutzen im Kampf gegen die furchtbare Rattenplage, die sich von Vorderasien und Rußland aus über Europa ergoß. Der Agrarschriftsteller Rutilius Palladius gab den Bauern

Ratschläge zur Katzenhaltung und verwendete dabei – wohl in Ableitung des nordafrikanischen GADA und KADISKA – die Bezeichnung CATUS, woraus das vulgärlateinische CATTA, das italienische GATTA, das französische CHAT, das englische CAT und das deutsche KATZE wurde. So läßt sich an der Geschichte des Namens der Weg ablesen, den die domestizierte Katze einst nahm: Aus dem Tal des Nils über Ägypten und Italien bis in die Mitte Europas.

Den tüchtigen Mäusevertilgern war zunächst ein überaus positiver Start beschieden. In reicheren wie auch in einfacheren Häusern wurden die nützlichen Haustiere gehalten. Eine gute Mausejägerin hatte schon früh ihren Preis. Um 945 kostete eine Katze laut Gesetzbuch des Walisischen Königs Hywel Dda z. B. 4 Pence. Dafür mußte sie sehen, hören und Mäuse töten können, vollständige Krallen besitzen und sich als gute Mutter bewähren. Entsprach sie in irgendeinem dieser Punkte nicht der Vorschrift, war vom Verkäufer ein Drittel des Kaufpreises zurückzuerstatten.

Bewundert und verfolgt

Neben dem praktischen Nutzen war es damals schon ihre stille, ebenso anschmiegsame wie unaufdringliche

Angeborene Lieblingsbeschäftigung: Mäusejagd!

Wesensart, derentwegen Katzen auch heute noch geschätzt werden. Als friedvolle Mitbewohner waren sie besonders bei Einsiedlern, in Tempeln und Klöstern willkommen. Freie Geister bewunderten sie gewissermaßen als Widerpart des unterwürfigen Hundes ihres eigenständigen Charakters wegen. Viele sahen in ihr das Sinnbild der Freiheit. Einige machten die Katze als Symbol für Unabhängigkeit und Mut zu ihrem Wappentier.

In ihrer geschmeidigen Eleganz, Schönheit und Schmeichelhaftigkeit erblickte man aber auch weiblichen Charme, in ihrem Paarungsverhalten, umrahmt von nächtlichem Geschrei und Katerkämpfen unbändige Wollust. War das der Grund dafür, daß die friedliche Koexistenz mit dem Christentum, jener Religion, die doch ebenso dem Orient entstammt wie die Katze selbst, nur wenige Jahrhunderte hielt? Hing es mit der asketischen Lebensweise der frühen Christen zusammen, daß ihnen das freie Gebaren der Katze verdächtig war? Lag es daran, daß Katzen als die heiligen Tiere der Germanen-Göttin Freya der Christianisierung im Wege standen? Jedenfalls wurde zugleich mit der Liebes- und Fruchtbarkeitsgöttin Freya oder Frigga auch die Katze als Symbol des Teufels von der Kirche geächtet. In den Augen der christlichen Gesellschaft des Mittelalters sollte sie fortan nicht mehr die liebenswerte samtpfötige Freundin des Menschen sein. Von der Inquisition gezeichnet als böse krallenbewehrte, zauberische Hexe, Tier des Bösen, das sich verwandeln konnte und Unglück brachte, wurde die Katze gnadenlos der Verfolgung anheimgestellt.

Auf Samtpfoten in die westliche Welt

In dem Maße, wie die mittelalterliche Gesellschaft sich mit der Zeit von Finsternis und Schrecken befreite, entrann auch die Katze allmählich ihren Verfolgern. Kaum den Flammen der Scheiterhaufen entflohen, hielt sie nun Schritt für Schritt Einzug in der westlichen Welt, wo sie als Sinnbild für Ruhe und Freude willkommen war. Zu Beginn des 16. Jahrhunderts hatte die Katze bereits Zugang zu Salons und Boudoirs, sogar bei Hofe wurde sie verhätschelt und umschmeichelt. Besonderes Interesse fanden die erstmals nach Europa eingeführten langhaarigen Katzen, die der italienische Weltreisende Pietro de La Valle (1586–1652) aus Kleinasien mitbrachte.

Zu Recht gelten jene kostbaren Angora- und Perserkatzen als Vorläufer der heutigen Rassen gleichen Namens, die von unseren Waldkatzen ebensoweit entfernt sind wie Siamesen oder Kartäuser. Es ist jedoch durchaus nicht auszuschließen, daß Maine Coon, Sibirische und Norwe-

Eins mit der Natur

gische Waldkatzen ihre Wurzeln in denselben Populationen früher Langhaarkatzen finden.

Woher kam das Langhaar?

Berichte und Abbildungen deuten darauf hin, daß langhaarige Hauskatzen schon vor sehr langer Zeit in mehreren Teilen der Erde unabhängig voneinander entstanden sein müssen. Glaubte man zunächst, das Leben in kalten Gegenden hätte im Verlaufe einiger Generationen stärkeres Haarwachstum hervorgerufen, weiß man heute, daß die Evolution solch entscheidender Veränderungen sehr viel längerer Zeitspannen bedarf. Man geht deshalb davon aus, daß wie bei anderen domestizierten Tieren das rezessive Langhaar-Gen (l) irgendwann in der Vergangenheit als spontane Mutation auftrat und sich durch entsprechende Paarungen, unter natürlichen Lebensbedingungen begünstigt durch abgeschiedene Lebensweise, erhalten konnte.

Ursprung in Rußland?

Bedingt durch Einflüsse von Umgebung und Abstammung unterschieden sich die Langhaarkatzen von Anfang an in Typ und Fellbeschaffenheit voneinander und wurden, je nach ihrer Herkunft, als Ankara- bzw. Angorakatzen, als Persische Katzen oder als Russische Langhaarkatzen bezeichnet. Letztere waren die „Naturburschen“ unter den drei Raritäten. In den vornehmen Salons der feinen Gesellschaft vergangener Jahrhunderte traten Russische Langhaarkatzen allerdings seltener in Erscheinung. Dem Waldkatzentyp am ähnlichsten, besaßen sie dickes, dichtes, zotteliges Fell und waren selbst bei Wind und Wetter lieber draußen als in der warmen Stube. Obgleich mehr dem halbwilden Leben in freier Natur zugetan, fanden die robusten Tiere in begrenzter Anzahl Eingang in die Welt der Rassekatzen des 19. Jahrhunderts. Da damals in Unkenntnis genetischer Zusammenhänge die verschiedenen Langhaar-Varietäten untereinander gekreuzt wurden, waren um die Jahrhundertwende ihre spezifischen Merkmale weitgehend verwischt, so daß, wie Winslow damals kritisch anmerkte, es schwierig war, noch reinrassige Exemplare zu finden. Diese wurden viel später an ihren Ursprungsorten als „Natur-Rassekatzen“ gleichsam neu entdeckt.

Junge Sibirische Katze, braun gestromt mit weiß

Von Feld und Wald in Stuben und Salons

Die frappierende Ähnlichkeit unserer „Naturburschen“ kommt nicht von ungefähr. Obgleich aus verschiedenen Gegenden der Erde zu uns gelangt, blicken sie nicht nur auf vergleichbare Entwicklungsgeschichten, sondern wahrscheinlich auch auf ein und dieselben Vorfahren zurück. Ursprünglich sollen sie in Nordeuropa heimisch gewesen sein, wohin sie, von Südrußland kommend, möglicherweise schon von den Wikingern gebracht wurden. Tatsächlich ist allen drei Rassen eine ausgesprochene Neigung zum Wasser zu eigen. Waren sie einst Schiffskatzen? Etliche Quellen deuten darauf hin. Auftreten und besondere Verbreitung beträchtlicher Populationen halbwilder langhaariger Katzen in der Normandie, in Skandinavien und wohl auch in den USA schon in frühen Zeiten, stützen die Annahme, daß die Wikinger sie bei ihren Fahrten über Flüsse und Meere mit sich in alle Welt führten, später auch die Pilgrim Fathers. Ebenso hatten die ersten Russen, die Sibirien besiedelten, neben ihrem bißchen Hab und Gut für den Haushalt auch Hund und Katze bei sich.

Da die Katzen der Pioniere natürlich kein Luxusleben auf Seidenkissen führten, sondern Haus und Hof von schädlichen Nagern freizuhalten hatten, sich weitgehend selbst erhalten und dabei härteste Klimaverhältnisse ertragen mußten, überlebten nur starke und widerstandsfähige, von dichtem Pelz geschützte Tiere. Gelegentliche Verwilderung und Hybridisierung mit einheimischen Wildkatzen dürfte kaum als unwahrscheinlich gelten, ebenso die Re-Domestizierung halbwilder Katzen aus dem Walde. So ist es kaum verwunderlich, daß unter ähnlichen Voraussetzungen und Lebensbedingungen in verschiedenen Teilen der Welt – Sibirien, Norwegen und Nordost-Amerika – sich ganz ähnliche Katzenpopulationen herausbildeten.

Rasseporträts

Schön und stark aus USA: Die Maine-Coon-Katze

Vor nahezu drei Jahrzehnten, als die Perserkatzen noch „Nase zeigten", moderne Farbvarietäten kaum herausgezüchtet waren und manche Rassen noch gar nicht existierten, erschienen auf deutschen Ausstellungen die ersten langmähnigen Maine-Coon-Katzen. Wegen ihrer Körpergröße, ihres herrlich buschigen Schweifs, ihres schönen fließenden Fells wurden die meist noch in USA geborenen „Shag Cats" („Zottelkatzen") natürlich bestaunt. Von übermäßiger Begeisterung konnte damals aber noch nicht die Rede sein. Wer sich für eine solche Katze entschied, dem kam es meistens mehr auf das „pflegeleichte" Langhaar an als auf typische Maine-Coon-Qualitäten. Inzwischen zählt die Maine Coon bei uns eindeutig zu den beliebten Rassen; in ihrer Heimat hält die nordamerikanische Halblanghaarkatze sogar Platz 2 auf der Beliebtheitsskala, direkt nach der Perserkatze.

Kälte und Schnee können ihr nichts anhaben

Sagenhaft: Waschbärkatze? Luchshybride?

Zwar wurde sie in ihrem Ursprungsland Amerika erst vor wenig mehr als 20 Jahren als Rasse voll anerkannt, doch existiert sie dort nachweislich seit mehreren hundert Jahren. Ihren Namen trägt sie nach dem Staat Maine, wo sie sich einst als Naturrasse selbständig herausbildete. Die Stories über ihre Entstehung reichen von den fantastischsten Vorstellungen bis zu plausiblen Berichten. Jeder Liebhaber dieser eindrucksvollen Rasse mag selbst entscheiden, welche Legende er akzeptieren möchte. In jedem Fall ergibt sich daraus ein hübsches Gesprächsthema für Katzenfreunde.

Die abenteuerlichste Geschichte bezieht sich auf den Namen der Katze. Im Staat MAINE soll sie aus dem „Seitensprung" einer Hauskatze mit einem Waschbären (raCOON) hervorgegangen sein. Als Beweis für die (biologisch unmögliche) Verbindung wird der buschige Schwanz angeführt und die Neigung der Maine Coon zum Wasser. Sie spielt tatsächlich mit Wasser und soll sogar dabei beobachtet worden sein, wie sie gelegentlich ihre Nahrung im Bach wusch. So wie Großvater Waschbär es tat?

Eine andere Version besagt, eine Hauskatze habe sich mit einem nordamerikanischen Luchs eingelassen und von ihm Junge bekommen, wovon die Ohrbüschel, die Haarbüschel zwischen den Zehen und die außerordentliche Körpergröße der Maine Coon Zeugnis ablegten. Man kann das glauben oder auch nicht. Es gibt schließlich realistischere Theorien wie z. B. diejenige, nach welcher die Pilgrim Fathers einst die langhaarigen Vorfahren der Maine Coon als Hauskatzen von Europa mitbrachten, als sie die nordamerikanischen Küstenregionen besiedelten. Zu beweisen ist allerdings auch das nicht, denn keiner hat es damals für nötig gehalten, irgendwelche Aufzeichnungen als Dokumente für die Nachwelt zu hinterlassen. Vielleicht waren ja die halbwilden langbehaarten Katzen auch schon längst vor den Pilgervätern nach Amerika ausgewandert. Hatten sie schon im 11. Jahrhundert mit den Wikingern den Ozean überquert? Es wäre denkbar.

Die Maine Coon könnte aber auch blaublütiger Abstammung sein. Eine Geschichte erzählt, wie einst Marie Antoinette vor dem Schafott gerettet werden sollte. Zusammen mit anderen königlichen Pretiosen wurden ihre Katzen von einem gewissen Kapitän Clough im voraus nach Amerika geschmuggelt. Da, wie man weiß, die königliche Flucht mißlang, blieben die Katzen mit Clough in Maine, um hier eine neue Existenz zu gründen. Als Maine Coon Cats?

Waschbär oder Luchs?

Schließlich gibt es noch die Überlieferung von einem Kapitän Coon, der im 18. Jahrhundert die langhaarigen Katzen nach Amerika brachte. Eine, wie ich meine, glaubwürdige Geschichte, denn die große robuste Katze mit dem wasserabweisenden Pelz war als Schiffskatze zum Schutz der Nahrungsvorräte vor Nagern sicher bestens geeignet.

Nützlich: Farmers Shag Cat

Unzweifelhaft waren Maine-Coon-Katzen seit der Gründung der Neuenglandstaaten, vielleicht schon vorher, im Nordosten der USA und in Kanada die üblichen Hauskatzen. In Anpassung an die rauhen klimatischen Verhältnisse hatten sie ein längeres Fell entwickelt, weshalb man sie „American Longhair“ (Amerikanische Langhaarkatze) nannte oder einfach „Shag Cat“. Als Bauernkatze genoß sie keine besondere Pflege. Sie ernährte sich selbst durch Jagd auf Nager. Im Verlauf ihrer generationenlangen halbwilden Lebensweise überdauerte die Rasse durch natürliche Selektion. Nur die stärksten, widerstandsfähigsten Katzen überlebten und pflanzten sich fort. Auf diese Weise entwickelte sich die Maine Coon zu einer großen robusten Katze mit dichtem, gegen Nässe und Kälte schützenden Fell und äußerst widerstandsfähiger Konstitution. Kein Wunder, daß die vitale und überdurchschnittlich starke Katze auf jeder Farm als Mäuse- und Rattenjäger hochgeschätzt war!

Trotz ihrer existentiellen Unabhängigkeit suchte die „Shag Cat“ von sich aus immer die Nähe der Menschen, von denen sie nicht bloß als Nutztier, sondern auch ihrer beeindruckenden Statur und ihres herrlichen Pelzes wegen als schöne Erscheinung gern gesehen wurde. Als Symbol für Kraft, Schönheit und Erfolg durfte sie natürlich bei Märkten, auf denen die Farmer ihre landwirtschaftlichen Produkte zur Schau stellten, nicht fehlen. Neben Ernteerzeugnissen und Rindern wurden die stattlichsten „arbeitenden Farmkatzen“ stolz vorgezeigt. Damit waren die Maine Coons schon Ausstellungskatzen, längst ehe die erste Katzenausstellung im heutigen Sinne überhaupt erfunden war.

Proletarier wurden Salonlöwen

Kraft, robuste Gesundheit und jagdliche Fähigkeiten hatten der Maine Coon das Überleben unter harten Bedingungen ermöglicht. Die stattliche Erscheinung hatte ihr zusätzlich menschliche Aufmerksamkeit eingebracht. Dann aber waren es Eigenschaften wie Freundlichkeit, Intelligenz und fast hundeähnliche Ergebenheit, die sie in der Gunst der Menschen aufrücken ließ. Bald zog sie in Küche und Wohnstube ein, um als geliebtes „Pet“ ein angenehmes, verwöhntes Dasein zu führen.

Urvater vieler Maine Coons, geboren 1980 aus „Ilja's Ringo", schwarz weiß, und „Zig Karen's Mona", Braun tabby weiß, die beide schon 1977 von H. Leumann aus Nordamerika geholt wurden

Schon bei den allerersten Katzenausstellungen, die in Amerika abgehalten wurden, war die Maine Coon als Show Cat dabei, und oft ging sie als Gewinnerin daraus hervor. In „The Book of the Cat" schreibt F. R. Pierce, der schon 1861 Maine-Coon-Katzen besaß, daß die „Best Cat" der Show 1895 im New Yorker Madison Square Garden eine Tabby Maine Coon namens „Leo" war. Leo siegte später noch oft, z. B. in Boston 1897, 1898 und 1899.

Geliebt – vergessen – neu entdeckt

Nach der Jahrhundertwende fand man wie vielerorts auf der Welt auch in den USA Exotisches interessanter als das Eigene. Das war in der Katzenwelt nicht anders. Zunehmend erschienen ausländische, „moderne" Rassen auf der Bildfläche. Im Schatten von Siam, Korat, Japanese Bobtail, vor allem aber Perserkatzen, wurde es still und stiller um die Maine Coon. Es kam so weit, daß um 1950 die uramerikanische Rasse im eigenen Land so gut wie verschwunden war.

Lediglich einer Handvoll Züchter, die unbeirrt an Bestand und Fortentwicklung der Rasse weiterarbeiteten, ist es zu verdanken, daß die Maine Coon die „Durststrecke" überstanden hat. Gegen Ende der 60er Jahre ging es mit der Zucht wieder bergauf, und im Jahre 1976 wurde die einstige Bauernkatze von der CFA als Rasse voll anerkannt.

Um diese Zeit waren auch in Deutschland die ersten Maine Coons angekommen. Mit der Zeit wurden sie bekannter und beliebter, und seit den 80er Jahren hat ihre Popularität geradezu explosionsartig zugenommen!

Steckbrief

Von Herzen natürlich, gutmütig, schön

Freunde der Maine Coon schätzen an ihr das Bodenständige ihres gesamten Wesens. Sie ist ganz Katze, ganz Jägerin geblieben. Daß sie gerade heute so gefragt ist, liegt weniger daran, daß man sie zum Mäusefangen braucht, als viel mehr daran, daß sie jagen k ö n n t e, weil sie, natürlich geblieben, ein Stück Natur ins Haus bringt als Gegenpol zur Künstlichkeit unserer verfeinerten Zivilisation mit all ihrer menschbestimmten Perfektion.

Ihr dichtes halblanges Fell, das keine Pflegeprobleme bereitet, ihr schönes unverzüchtetes Katzengesicht mit dem aufmerksamen Blick, ihr freundlicher, sanftmütiger Charakter, ihre zarte Stimme, ihre liebevolle Anhänglichkeit, ihr robustes Naturell ohne Allüren oder Sonderansprüche machen die Maine Coon zu einer ursprünglich gebliebenen, schönen, kraftvollen Katze, mit der sich gut leben läßt.

Power mit Mähne und Hosen

Typisches Merkmal der Maine Coon ist ihr langer buschiger Schwanz, der besonders in Braun tabby an den des Waschbären erinnert. Charakteristisch sind die weit gesetzten, aufmerksam gespitzten Ohren mit dichten Haarbüscheln und Ohrpinseln wie beim Luchs. Das Fell ist seidig glänzend und schwer fließend bis zottelig, was nicht „ungepflegt“ heißt!

Obwohl genetisch langhaarig, zählt die Maine Coon zu den Semi-Langhaarkatzen, deren Haarlänge und -textur sich erheblich vom Perserfell unterscheidet. Das Haar ist an Kopf und Schultern kurz, auf dem Rücken und an den Seiten länger. Es endet in langem Bauchfell und in buschigen „Höschen“, der langen Behaarung der Hinterbeine. Vorne an Hals und Brust ist eine reiche Halskrause erwünscht. Das Haar ist nicht flauschig und neigt nicht zum Verfilzen.

Die Maine Coon ist eine mittelgroße bis große Katze, die oft viel riesiger wirkt als sie tatsächlich ist. Das liegt an ihrem massiven rechteckigen Körperbau, ihrer muskulösen Erscheinung und ihrem vor allem im Winter reich ausgebildeten Fell mit der beeindruckenden Mähne, dem langen buschigen Schwanz und den großen, stark behaarten Pfoten.

Es wird immer wieder von Maine-Coon-Katzen mit einem Gewicht von 30 bis 35 Pfund erzählt. Das ist vielleicht vorstellbar, jedoch auf keinen Fall typisch.

Das Gewicht der Maine Coon bewegt sich durchaus im üblichen Größenbereich von Felis Catus (Haus-

Im Ansprung auf die Beute

katze), der mit 3–9 kg eine weite Spanne umfaßt. Bis sie ausgewachsen ist, braucht die Maine Coon drei bis vier Jahre. Die Kater wiegen dann 4 bis 8 kg, Kätzinnen sind meist kleiner und wiegen 3–6 kg. Es ist nicht so, daß die größte Maine Coon immer die beste ist. Auf Ausstellungen wird eine schöne standardgemäße „nur" mittelgroße Maine Coon der bloß größeren stets vorgezogen.

Black is Beautiful

Laien meinen, die „eigentliche" Farbe der Maine Coon sei Braun tabby. Das trifft insofern zu, als offenbar Tabby und Tabby mit Weiß heute die beliebtesten Farben der Maine Coon sind. Aber die Ursprungsfarbe ist das nicht. Die erste Maine Coon, die je auf einer Ausstellung gezeigt wurde, „Capt. Jenks of the Horse Marines", war einfarbig schwarz. Auch die frühen Farmkatzen waren weder braun getigert noch gestromt. Die Einheimischen der Neuenglandstaaten, die sich mit ihren Maine-Coon-Katzen auskennen, wissen zu berichten, daß diese früher fast alle einfarbig oder weiß gescheckt waren.

Die sagenumwobene Zauberin der nordischen Wälder

Heute wird die Maine Coon in praktisch allen Farben gezüchtet. Nur Siamzeichnung ist ausgenommen, denn Maskenkatzen (Pointzeichnung) haben in der Maine-Coon-Zucht nichts verloren.

Naturbursche mit Seele: Die Norwegische Waldkatze

Sagenhafte Vergangenheit

Obwohl sie erst seit wenigen Jahrzehnten gezüchtet werden, gehören Norwegische Waldkatzen wahrscheinlich zu Europas ältesten Katzenrassen.

Schon seit Urzeiten weiß man im hohen Norden um die Existenz großer starker Katzen aus dem Wald, die mitunter in Kontakt mit Menschen traten. In den alten nordischen Sagen erscheinen kräftige Katzen, die den Himmelswagen der Göttin Freya zogen. Volksmärchen aus Skandinavien erzählen von geheimnisvollen Trollen in Katzengestalt. Die ersten Norwegischen Waldkatzen?

Auf der Suche nach den Vorfahren stößt man auf eine ganze Reihe mehr oder weniger fantastischer Geschichten. Im Jahr 1959 teilte der naturbegeisterte, in Norwegen lebende dänische Priester Peter Clausson Friis, den norwegischen Luchs in drei Klassen ein: den Wolf-Luchs, den Fuchs-Luchs und den Katzen-Luchs. Später stellte sich heraus, daß alle norwegischen Luchse derselben Klasse angehören und Peter Claussons „Katzen-Luchse“ wahrscheinlich in Wirklichkeit Norwegische Waldkatzen gewesen waren. Es gibt nämlich tatsächlich einige Ähnlichkeiten zwischen Norwegischen Waldkatzen und Luchsen. Am eindrucksvollsten gleichen beide einander in ihrer großen hochbeinigen Gesamterscheinung, der langen Mähne und den auffälligen Ohrbüscheln. Zudem zeigen beide eine starke Affinität zum Wasser. Es wird berichtet, daß Waldkatzen in der Lage sind, Fische aus Seen und Bächen zu fangen – genauso wie es Luchse tun! Gerade diese Ähnlichkeiten mit dem Luchs sind die Ursache dafür, daß die Menschen sich immer wieder in besonderem Maße für die Waldkatzen interessieren.

In den Dörfern gab es natürlich viele Katzen, doch in alten Volksmärchen war immer von einem ganz besonderen Typ die Rede: einer sehr großen und langbehaarten Katze. Wegen ihrer Größe und ihrer luchsähnlichen Merkmale glaubten die Leute, sie wäre eine Mischung aus Hund und Katze oder häufiger noch, sie wäre ein halber Luchs.

In den Märchen von Asbjørnsen und Moe erscheint die Waldkatze mehrere Male. Sie wird als „Huldrekat“ bezeichnet, was soviel bedeuten soll wie „Waldkatze mit dickem, buschigem Schwanz“. Doch Märchen und Legenden sind nicht die einzigen

Hinweise auf das natürliche Vorkommen von Waldkatzen in Skandinavien. Im Jahr 1912 schrieb der norwegische Autor Gabriel Scott das beliebte Kinderbuch „Sølvfaks" („Silberpelz"). Die Hauptperson darin ist eine Waldkatze mit diesem Namen.

Neuere Rassegeschichte

Erst in den 30er Jahren entdeckten die Norweger, daß die langmähnigen Hauskatzen, die, wenn sie nicht auf abgelegenen Wald- oder Fjordbauernhöfen ein karges Dasein fristeten oder ganz verwildert und auf sich selbst gestellt in den Wäldern lebten, etwas Besonderes waren. Doch erst in den 70er Jahren erkannte man, daß im Zuge der Erschließung der wilden norwegischen Wälder, durch Besiedlung, landwirtschaftliche Nutzung und damit steigender Überlebens-Chancen kurzhaariger Hauskatzen die eingeborene Norwegische Waldkatze vom Aussterben bedroht war. Bekanntlich führen Verbindungen von langhaarigen mit kurzhaarigen Katzen zu Kurzhaar-Nachwuchs. Da immer mehr Katzen ein warmes Plätzchen zum Überleben fanden, wären die Kurzhaarigen bald eindeutig in der Überzahl gewesen. Die langhaarigen Waldkatzen waren tatsächlich akut vom Aussterben bedroht.

Damit es nicht dazu kommen sollte, gründeten im Dezember 1975 einige Enthusiasten den Norsk Skogkattring. Ernsthafte Zuchtprogramme wurden in die Wege geleitet, und schon 1976 wurde die Rasse offiziell von den Zuchtverbänden anerkannt.

Äußere Erscheinung

Die Hypothese von der durch die extremen klimatischen Verhältnisse erfolgten natürlichen Selektion, die zur Herausbildung der Rasse führte, beruht auf bestimmten Merkmalen der Waldkatze. Manche Eigenschaften hat sie mit anderen Rassen gemein, aber keine andere Katze hat solche physischen und psychischen Anlagen, durch die sie in der norwegischen Wildnis überleben könnte.

Die bemerkenswerteste Anpassungsleistung ist der dramatische Fellwechsel. Die Waldkatze entwikkelt während der kühlen Herbstmonate ein dickes wolliges Unterfell. Je kälter es ist, je länger der Winter dauert, desto dicker und undurchlässiger wird der Pelz. Mit dem Fell am Körper wachsen auch die „Hosen" (lange Behaarung der Hinterbeine), der Brustkragen und die Mähne.

Schon in den ersten warmen Wochen im Frühling beginnt der Fellwechsel mit dem Abstoßen der Unterwolle. Steigen die Temperaturen auf 15–20 °C, geht das gesamte Unterfell innerhalb weniger Tage aus. Nun liegen die Leithaare glänzend und eng am Körper an. Daß man eine Langhaarkatze vor sich hat, kann man aus einer gewissen Entfernung jetzt lediglich noch am Schwanz erkennen. Mit den Leithaaren hat es nun noch etwas Besonderes auf sich. Die meisten Leithaare liegen auf dem Rücken, an den Seiten und auf der Schwanzoberseite. Lang und glatt hüllen sie den Katzenkörper ein wie ein Regenmantel. Ohne einen derartigen Schutz würden alle Wildtiere in naßkaltem Klima schnell eine Lungenentzündung bekommen. An der besonderen Zusammenstellung und Funktion von Unterwolle und Leithaarmantel liegt es auch, daß die Waldkatzen außerhalb des Fellwechsels nicht haaren und daher auch keiner besonderen Fellpflege durch den Menschen bedürfen.

Typisch ist ferner die starke Behaarung der Ohrinnerseiten. Das Haar auf dem Schädel und vor den Ohren kann eine beträchtliche Länge erreichen, besonders im Winter.

Für eine Katze, die an das Leben in der Kälte angepaßt ist, ist es von größter Bedeutung, Wärmeverluste so gering wie möglich zu halten. Waldkatzen sind im Typ groß und stark. Ein biologisches Gesetz besagt, daß

Auf den Ohren sitzen die typischen „Pinsel"

Tiere der gleichen Rasse nach Süden hin kleiner und dünner werden, nach Norden aber größer und stärker. Das hängt mit dem Wärmeverlust durch die Körperoberfläche zusammen, die im Verhältnis zum Volumen bei größeren Tieren geringer ist.

Sowohl Kater als auch Katzen sollten eine breite Brust und erhebliche Schulterbreite aufweisen. Wenn die außerordentlich großen Pfoten ausgestreckt werden, sollten lange Zehen mit besonders langen Krallen zum Vorschein kommen. Die Beine sind lang und kräftig, damit der Bauch nicht etwa durch den Schnee schleift und auskühlt. Zusätzlich sind die Hinterbeine etwas länger als die Vorderbeine. Dadurch kann die Waldkatze in ihrer charakteristischen Art rennen und ihre typischen weiten Sprünge ausführen. Der Körper ist äußerst muskulös. Vor allem die Oberschenkel- und Brustmuskeln sind kräftig ausgeprägt. Ausgewachsene Waldkatzen wiegen im Alter von 2 bis 3 Jahren 3,8–4,8 kg (Weibchen) und 5,8–6,8 kg (Männchen).

Der gut proportionierte Kopf der Waldkatze vermittelt den Eindruck einer wilden, wachen, aufmerksamen Katze. Von vorne ist die Kopfform dreieckig. Von der Seite erkennt man ein langes, gerades Profil und ein starkes Kinn. Die Augen sind groß, leicht oval und ganz leicht schräg gestellt. Die Ohren sind so plaziert, daß die Basis außen auf der Linie vom Kinn entlang den Wangen liegt. Sie ist innen etwas weiter vorne angesetzt als außen. Die Ohren stehen aufrecht. Die Spitzen sind mit Haarbüscheln versehen. Von der inneren Ohrbasis gehen lange Haare aus, die fast bis zur Ohrspitze reichen.

Die Gesamterscheinung der Waldkatze ist die eines großen, muskulösen, eleganten, aufgeweckten Tieres.

Temperament und Charakter

In ihrem Wesen unterscheidet sich die Waldkatze von den meisten anderen Rassen. Bedauerlicherweise sind Charakterbeschreibungen von Katzenrassen oft eine ziemlich stereotype und langweilige Angelegenheit. In den Augen ihrer Eigentümer sind sie alle aus dem einen oder anderen Grund lebhaft, verspielt, intelligent und anhänglich. In freier Wildbahn aber ist es für eine Katze geradezu überlebenswichtig, intelligent und erfinderisch zu sein. In Zeiten, da die Nahrung knapp wird und schlechtes Wetter herrscht, schaffen es nur intelligente Individuen zu überleben, indem sie unorthodoxe Methoden anwenden, um an Eßbares zu gelangen oder sich warm zu halten.

Die Norwegische Waldkatze ist ausgesprochen wagemutig und furchtlos. Als Wildtier hat sie über Generationen erfahren, daß Angriff die beste Verteidigung ist. In Verbindung mit ihrem ungewöhnlichen Mut ergibt das ein ausgezeichnetes Nervenkostüm. Waldkatzen zeigen sich normalerweise nie nervös oder unruhig. Verblüffend leicht passen sie sich den jeweiligen Veränderungen ihrer Situation an.

Gleichzeitig sind Waldkatzen sehr lebhafte, aufgeweckte, starke Katzen. Zwar spricht nichts unbedingt dagegen, eine Norwegerin in der Wohnung zu halten, aber dann ist es unbedingt erforderlich, ihr ausreichende Bewegungsmöglichkeit und Klettergelegenheiten zu bieten. Ein zimmerhoher Kletterbaum ist das mindeste, was sie braucht. Waldkatzen, die ins Freie dürfen, suchen sich im Garten mit Gewißheit den höchsten Baum für ihre Kletterausflüge aus. Baumabwärts kann man sie am Stamm entlang mit dem Kopf voran kommen sehen. Waldkatzen, besonders Weibchen, sind unglaublich geschickte Jäger, die mit Leichtigkeit sogar lebhafte, gesunde Vögel im Flug erwischen.

Zwei Norwegische Kater, die sich gut vertragen

Norwegische Waldkatzen kommen mit Katzen anderer Rassen, mit Hunden und auch mit Kindern gut zurecht. Allerdings sind sie nicht solch ausgesprochene Familienkatzen wie z. B. Burmesen. Die Waldkatze neigt nämlich dazu, sich einem bestimmten Menschen besonders eng anzuschließen, um ihm durch dick und dünn zu folgen. Zwar verhält sie sich den übrigen Familienmitgliedern gegenüber nicht abweisend oder desinteressiert, aber in besonderen Situationen wie z. B. bei Krankheit, Geburt oder in beunruhigenden Momenten möchte sie nur einen um sich haben: „ihren" Menschen. Wünschen mehrere Familienmitglieder eine enge Freundschaft mit einer Waldkatze, dann sollte jeder seine eigene Katze haben.

Als Zuchtkatze ist die Waldkatze dank ausgezeichneter Gesundheit vollkommen unkompliziert. Freilich freut sie sich, wenn ihr Mensch an Höhepunkten ihres Lebens, nämlich Paarung und Geburt, teilnimmt, aber sie meistert diese Erlebnisse auch ohne weiteres allein.

Waldkatzen sind intelligente Tiere. Ihre Lebhaftigkeit und Energie stellen hohe Ansprüche an den Halter. Um sich psychisch und physisch voll entwickeln zu können, will sie viel spielen und toben. Vieles lernt sie leicht durch etwas Übung, z. B. an der Leine zu gehen, zu apportieren, auf Kommando Sprünge zu vollführen und mehr. Wenn sie immer etwas zu tun hat und ihre Muskeln trainieren darf, ist sie ein glücklicher, hübscher und interessanter Kamerad.

Zuchtfragen

Norwegische Waldkatzen zu züchten, ist eine große Herausforderung. Sowie man die Katze aus ihrer natürlichen Umgebung nimmt, verändert man die Faktoren, die sie zu dem machten, was sie ist. Es ist dann der Züchter, der selektiert und entscheidet, welche Katzen die nächste Zuchtgeneration bilden, und nicht die Natur.

Die ersten zweieinhalb Jahrzehnte seit der Rasseanerkennung verliefen erstaunlich gut. Die Waldkatzen sehen noch genauso aus wie 1976. Allerdings gibt es in Europa und in Amerika einige Linien, die auf untypische Tiere zurückgehen und deshalb etwas abseits vom Originalstandard stehen.

In zwei Punkten sind Veränderungen zu verzeichnen, seit die Waldkatzen als Rassekatzen gezüchtet werden. Beide haben mit dem Fortpflanzungszyklus zu tun. Ursprünglich war die Kätzin nur während der Hauptsaison von Januar bis Juni rollig und hatte mit 1 bis 4 Kindern relativ kleine Nester. Beides war eine Anpassung an die Verhältnisse mit kurzen, turbulenten Sommern und langen, kalten Wintern. In vielen Zuchtlinien hat sich das inzwischen geändert. Für Mutter und Kinder bedeutet es schließlich keine Gefahr mehr, wenn die Kleinen zu Beginn der kalten Jahreszeit noch hilflos und schwach sind. Selbst im Winter haben die Waldkatzen es bei ihrem Züchter mollig warm. Daran mag man aber auch ablesen, wie problematisch es ist, eine Naturrasse zu züchten, ohne daß ursprüngliche, typische Charakteristika der Rasse verlorengehen. Dessen sollten sich Züchter stets bewußt sein.

Beliebt und anerkannt

Die Waldkatzen aus dem Norden haben ihren Weg in die Katzenwelt gefunden. Aus der Nationalkatze Norwegens, die es früher außerhalb des Landes nur noch in Schweden gab, ist eine anerkannte Rassekatze geworden. Auf Ausstellungen in Skandinavien und in Nordeuropa ist sie oft die am stärksten repräsentierte Semi-Langhaar-Rasse mit bis zu 50, ja manchmal 180 Katzen, sofern die Meldezahlen über 300 liegen. Norwegische Waldkatzen gibt es in ganz Europa, auch im Osten. In den USA sind sie recht erfolgreich, und es gibt auch schon einige in Ländern wie Argentinien und England.

Ihre Popularität hat auch in Deutschland die Erwartungen ihrer Befürworter bei weitem übertroffen. Steigende Anzahlen Norwegischer Waldkatzen auf Ausstellungen und besondere Norweger-Sonderschauen anläßlich großer internationaler Ausstellungs-Veranstaltungen führen das eindrucksvoll vor Augen.

Man kann sagen, daß die Natur mit solch einfachen Mitteln wie Schnee, Regen und Kälte eine wunderbare Katze hervorgebracht hat, die sich außerordentlicher Beliebtheit als Rassekatze erfreut. Ihre Bewunderer glauben sagen zu können, woran es liegt, daß sie so beliebt ist: Die Waldkatze sieht aus wie eine „Katze“, sie ist gesund und unkompliziert, sie ist groß und eindrucksvoll und schließlich trägt sie auch noch einen vollen Pelz, der keines großen Pflegeaufwandes bedarf.

Mit einem halben Jahr
ist der Waldkater bereits sehr
schön ausgeprägt

Kältefest und heißblütig: Die Sibirische Katze

Verborgene Schönheit

Als dritte im Bunde der Katzen aus dem Wald traf die Sibirische gewissermaßen mit Verspätung in der Szenerie der westlichen Rassekatzenwelt ein. Abgeschottet durch den Eisernen Vorhang hatten bis gegen Ende der 80er Jahre die stattlichen Halblanghaarigen unberührt von der Züchterhand in ihrer unwirtlichen Heimat ein ungebundenes Leben als Hauskatzen zwischen Herdstelle und Wildnis geführt. Wo fernab der Zivilisation Mensch und Tier in langen bitterkalten Wintern ums Überleben kämpfen, sind seit jeher die Fähigkeit zur Selbstversorgung und Kälteschutz von existentieller Notwendigkeit. In ihrer Heimat wurde die „Sibirskaja Koschka“ mit dem prachtvollen Pelz deshalb nie als Besonderheit empfunden. Als „normale Hauskatzen“ posieren dort vor Türen und Fenstern einfachster Behausungen herrliche Tiere von beeindruckender Schönheit.

Der mächtige Sibirer fühlt sich im Schnee richtig wohl.
Dicker Pelz und kugelige Körperhaltung schützen vor Auskühlung

Westwärts

Es konnte nicht ausbleiben, daß westliche Reisende auf die Katzen aufmerksam wurden und von Katzenkennern einzelne Exemplare unter zunächst großen Schwierigkeiten, meistens ohne Papiere und erst recht ohne Impfung und Gesundheitsbescheinigung aus dem Osten importiert wurden. Mit der Öffnung der Grenzen wurde das etwas einfacher. In Rußland waren die ersten Katzenklubs gegründet worden. Russische Züchter hatten das Interesse westlicher Fans an Rassekatzen entdeckt und begannen, ihre heimischen Naturrassen gezielt zu paaren, auszustellen und erfolgreiche Ausstellungskatzen mit Papieren zu versehen. Ausgewählte Jungtiere wurden auf Reisen in westliche Länder mitgeführt und an Ort und Stelle Katzenfreunden angeboten. Innerhalb weniger Jahre waren Sibirische Katzen in der Cat Fancy rund um die Welt bekannt.

In der DDR waren die Langhaarkatzen aus Rußland schon vor dem Fall der Mauer angekommen und sogar auf Ausstellungen präsent. Die ersten Sibirer waren allerdings oft ganz ohne Zuchtpläne nach Ostdeutschland gebracht worden, eher aus persönlicher Zuneigung. Facharbeiter, die als Monteure am Bau der sibirischen Ölpipeline beteiligt waren, hatten während ihres Aufenthaltes die schönen Katzen mit dem auffälligen Halblanghaar, die neugierig und wohl auch hungrig um ihre Unterkünfte strichen, gefüttert und allmählich liebgewonnen. Als sie nach Deutschland zurückkehrten, brachten sie ihre schnurrenden Freundinnen einfach mit. Die auf diese Weise in eine bessere Welt übergesiedelten Katzen dankten es ihren Gönnern mit außerordentlicher Zuneigung, Treue und Solidarität, genauso, wie sie es in ihrer sibirischen Heimat taten.

Stolz wacht „Magadan" über sein Revier

Feuriges Temperament

Sibirische Katzen werden in ihrem Herkunftsland beschrieben als treu ergebene, kluge, aufmerksame und mutige Tiere, die furchtlos wie Wachhunde Haus und Hof verteidigen. Als ich 1989 direkt aus dem damaligen Leningrad überraschend Sibirische Katzen mit original russischen Ahnentafeln geschenkt bekam, konnte ich mich, wie andere Katzenfreunde bald auch, davon überzeugen, daß diese Katzen wirklich russisches Temperament besitzen.

Die Skala ihrer Emotionen reicht von wahrhaft steinerweichender Liebe und bedingungsloser Anhänglichkeit bis hin zu zornigem Trotz und absolutem Eigensinn, wobei die Stimmung so schnell umschlägt, daß man aufpassen muß. Sibirer sind sehr selbstbewußt und lassen sich nicht gerne manipulieren. Sie agieren blitzschnell. Paßt ihnen eine Situation nicht, warnen sie einmal – und schlagen dann zu! Wer ihre Krallen kennt, weiß was das heißt.

Auch untereinander pflegen Sibirische Katzen eher feurige als gemäßigte Umgangsformen. Akustisch wie motorisch kommt es mitunter zu hitzigen „Ausbrüchen“, die in Bruchteilen von Sekunden verfliegen und intern kaum als besondere Auseinandersetzungen gelten. Andere Katzen verstehen das oft nicht. Rassen, die

Als Sibirische Katze der ersten Generation in Deutschland besitzt „Wolga“ noch viel Eigensinn und Instinktsicherheit

Sibirischer Kater
im Jugendkleid

mehr von gemütlicherem Temperament sind, kann das impulsive Verhalten der „Wilden“ aus dem Osten ziemlich lästig sein.

Prachtvolle Erscheinung

Sibirische Katzen sind große, massive Katzen mit kraftvoller Muskulatur und einem durchschnittlichen Gewicht von 8 bis 12 kg für Kater und 6–8 kg für Kätzinnen. Kastraten können noch erheblich mächtiger werden. Ihre Bewegungen sind gleichmäßig und gemessen in Ruhe, blitzschnell im Ansprung, mit erheblicher Angriffskraft. Der Rücken ist mäßig lang und muskulös, die starken Extremitäten hinten kaum merklich länger als vorne. Die runden Pfoten sind groß und kräftig mit starken Krallen und Haarbüscheln zwischen den Zehen. Der Kopf ist groß und rund mit breiter Stirn und voluminöser rundlicher Schnauze, die ein Bart aus langen dicken Schnurrhaaren ziert. Der gut ausgebildete Backenbart geht seitlich über in die Mähne. Die großen Ohren tragen Pinsel und Büschel. An Bauch, Schwanz und Höschen verdichtet sich das lange Fell. Wie bei Semilanghaar-Katzen typisch, ist das Haar über den Schultern und am unteren Teil der Brust etwas kürzer. Das Deckhaar ist fest, lang und glänzend wie Lack oder Öl, das Unterfell lang, reich ausgebildet und glatt.

Am beliebtesten sind Sibirische Katzen in Tabbymusterung, wozu weiße Pfötchen wie Schneestiefel sich besonders hübsch ausmachen.

Ähnlich, doch nicht gleich!

Für ungeübte Katzenfreunde ist es nicht einfach, eine Semilanghaarkatze mit Mähne, Höschen, buschigem Schwanz, vorzugsweise in braunem Tabbymuster, als Maine Coon, Sibirische oder Norwegische Waldkatze zu identifizieren. Auch Katzenkenner und sogar Preisrichter kamen bei der Unterscheidung anfangs „ins Schleudern“. Einer brachte es fertig, von zwei Wurfgeschwistern eines als Maine Coon und das andere als Norweger eintragen lassen zu wollen! Das ist allerdings 20 Jahre her und lag nicht bloß an seiner Beurteilungsfähigkeit, sondern zum großen Teil am damaligen Erscheinungsbild der Kätzchen. Beide Rassen waren noch nicht so homogen und standardgemäß entwickelt, wie wir das heute erwarten dürfen.

Kaum hatten die Waldkatzenfans gelernt, Norweger am geraden Nasenprofil, Maine Coons an der mehr kantigen Gesamterscheinung zu er-

Kantige Gesamterscheinung: Maine-Coon-Kater in rotem Tabby

Bei Sibirischen Katzen dominieren rundlichere Konturen

kennen, da erschienen Ende der Achtziger (in der DDR), Anfang der Neunziger (in den alten Bundesländern) die Sibirischen Katzen auf der Bildfläche und machten bei vielen Laien die Verunsicherung wieder komplett. Die Sibirischen sahen in ihren Augen auf den ersten Blick genauso aus wie Norweger oder Maine Coon!

Doch trotz aller Ähnlichkeit gibt es gewisse Unterschiede. Im großen und ganzen könnte man die Norwegische Waldkatze als groß und gestreckt, die Maine Coon als wuchtig und quadratisch, die Sibirische als füllig mit abgerundeten Konturen charakterisieren. Sorgfältig formulierte Rassestandards, die sich bei jeder Rasse auf 100 Punkte belaufen, präzisieren die idealtypischen Merkmale genau. In welchem Maße eine einzelne Katze dem Rasseideal entspricht, hängt sowohl von ihrer ererbten Veranlagung (Genotyp) als auch von ihrer jeweiligen Situation (Kondition) ab. Als die von allen Dreien zuerst auf standardgemäße Schönheit gezüchtete Rasse ist erwartungsgemäß die Maine Coon (65) in Temperament und Erscheinungsbild am weitesten entwickelt und verfeinert. Aber auch die Norwegische Waldkatze (64) und die Sibirische Katze (69) haben schon riesige züchterische Fortschritte ge-

Typisch für Norweger: Gerades Profil der Nase

macht. Nachstehend einige wesentliche Standardmerkmale im Vergleich:

(65) Kopfform mittelbreit, mittellang, zur Schnauze hin viereckig,
(64) Kopfform dreieckig, ebenso lang wie breit,
(69) Kopfform gerundet, voluminöse runde Schnauze,

(65) Nase mittellang, im Profil leicht konkav,
(64) Nase mittellang, gerade, kein Break,
(69) Nase bildet einen leicht gewölbten Übergang,

(65) Körper mittelgroß bis groß, rechteckig proportioniert,
(64) Körper groß, mittellang, tiefe Flanke,
(69) Körper groß, füllig, abgerundete Konturen,

(65) Fell schwer und zottelig, seidig, glatt fallend,
(64) Fell doppelt, dichte wattige Unterwolle, langes, weiches Deckhaar mit fettigen Leithaaren,
(69) Unterfell lang, reich ausgebildet, glatt, Deckhaar fest, lang, glänzend.

Bei allen drei Rassen ist das Haar nicht am ganzen Körper gleich lang (Mähne, Höschen, reich behaarter langer Schwanz). Die Ohren sind mit Pinseln und Ohrbüscheln versehen, die runden Pfoten weisen Haarbüschel zwischen den Zehen auf.

Bei (65), (64) und (69) sind alle Fellfarben und -musterungen zugelassen, mit Ausnahme von Maskenkatzen, die auf (unzulässige!) Kreuzungen zurückgehen. Eine Ausnahme bildet die aus Rußland stammende Neva Masquerade, deren Abstammung bei manchen Vereinen allerdings noch umstritten ist.

Junge Maine-Coon-Katerchen, 6 und 8 Wochen alt

Zusammenfassung der Rassestandards

Rassestandards sind Idealbeschreibungen, die nach ihrer Aufstellung bei Etablierung einer Rasse durch die großen Zuchtverbände von Zeit zu Zeit revidiert (meist präzisiert oder erweitert) werden. Mit der Zunahme der Anzahl von Züchtervereinen erfahren die Standards vieler Rassen gewisse Variationen hinsichtlich Formulierung oder Interpretation, die aber niemals so weit gehen dürfen, daß eine Rasse ihr „Gesicht" verliert!

Mehrfache Ausstellungssiegerin in voll ausgebildetem Fell

Maine Coon 65

Allgemeines: Die Maine Coon war ursprünglich ein Nutztier. Sie ist stabil und widerstandsfähig und verträgt rauhes Klima. Ein besonderes Merkmal ist ihr glattes, zotteliges Fell. Mit ihrer ausgesprochenen Liebenswürdigkeit paßt sie sich jeder Umgebung an.

Kopfform: Mittelbreit und mittellang, zur Schnauze hin viereckig. Ältere Zuchtkater können einen breiteren Kopf haben. Hohe Wangenknochen. Festes Kinn, geradlinig abschließend mit Oberlippe und Nasenspitze. Nase mittellang, im Profil leicht konkav.

Ohren: Groß, mit Büscheln besetzt, breit an der Basis, spitz zulaufend. Hoch und in genügendem Abstand gesetzt.

Augen: Groß, ausdrucksvoll, weit auseinander gesetzt. Leicht schräg gestellt in Richtung des äußeren Ohransatzes.

Hals: Mittellang.

Körperform: Muskulös mit breiter Brust. Mittelgroß bis groß, Weibchen meistens etwas kleiner. Der Körper sollte lang sein und so proportioniert, daß er rechteckig erscheint. Dabei darf die Katze in keiner Hinsicht

Mit seinem feinen Gehör ortet Amadeus punktgenau, wo ein Mäuslein raschelt

schwächlich wirken. Allerdings ist zu beachten, daß Maine Coons Spätentwickler sein können.

Beine und Pfoten: Beine kräftig, breit gesetzt, mittellang, gut zum Körper proportioniert. Pfoten groß, rund, mit Haarbüscheln versehen.

Schwanz: Lang, dick an der Basis, spitz zulaufend mit langem, fließendem Haar.

Fell: Schwer und zottelig, glatt fallend und seidig in der Textur. An Bauch und Höschen länger. Halskrause vorne erwünscht.

Fehler: Kurzes Fell oder Fell, das überall die gleiche Länge aufweist.

Disqualifikation: Bei feiner Knochenstruktur, zu schwachem Kinn, schielenden Augen, Knickschwanz, fehlerhafter Zehenzahl, weißem Medaillon, Bauchfleck oder sonstigen weißen Flecken.

Farben:

Augen: Alle Schattierungen von grün-, gold- oder kupferfarben. Weiße Katzen dürfen auch blaue oder zwei verschiedenfarbige Augen haben. Keine Vorschrift bezüglich Kombination von Fell- und Augenfarbe.

Fellfarben und Musterungen:

Einfarbig

Weiß: Reines, glitzerndes Weiß, Nasenspiegel und Pfotenballen rosa.

Schwarz: Tief kohlrabenschwarz, einheitlich von den Wurzeln bis zu den Haarspitzen; ohne Anflug von Rosttönen, keine helle Unterwolle. Nasen-

spiegel schwarz, Pfotenballen schwarz oder braun.
Blau: Einheitliche Farbe von der Nasen- bis zur Schwanzspitze, durchgefärbt bis zu den Haarwurzeln. Nasenspiegel und Pfotenballen blau.
Rot: Tiefes, intensives, leuchtendes Rot, ohne Schattierung, Streifen oder Ticking. Lippen und Kinn in der Fellfarbe. Nasenspiegel und Pfotenballen ziegelrot.
Creme: Blasses Creme in einheitlicher Tönung, frei von Zeichnung, durchgefärbt bis zu den Haarwurzeln. Nasenspiegel und Pfotenballen rosa.

Tabby
Classic tabby: Intensiv gefärbte, klar abgesetzte und breite Musterung; die Beine gleichmäßig gestreift mit Bändern, die bis zu den Körpermarkierungen ansteigen. Schwanz gleichmäßig beringt, mehrere ununterbrochene Halsbänder an Hals und Brust: Je mehr, desto besser. Auf der Stirn bildet das Muster die Form des Buchstaben „M". Eine ununterbrochene Linie verläuft vom äußeren Augenwinkel nach hinten. Spiralen auf den Wangen. Vertikale Linien erstrecken sich vom Hinterkopf bis zu den Schultermarkierungen, die die Form eines Schmetterlings bilden: Ober- und Unterflügel sind mit Punkten gemustert und von klaren Konturen umrissen. Entlang der Wirbelsäule verläuft eine Linie vom Schmetterlingsmuster bis zum Schwanz, rechts und links davon je ein weiterer Streifen. Diese drei Streifen sind durch Bänder in der Grundfarbe gut voneinander abgesetzt. Auf jeder Körperseite muß ein großer einfarbiger Fleck von einem oder mehreren ununterbrochenen Ringen umrahmt werden. Die Muster sollen rechts und links gleich sein. Auf Brust und Bauch befindet sich eine vertikal verlaufende Doppelreihe von runden Flecken.
Mackerel tabby: Markierungen intensiv gefärbt, klar umrissen und dicht gezeichnet. Die Beine gleichmäßig gestreift mit dicht gesetzter Bänderung bis hinauf zu den Körpermarkierungen. Schwanz gestreift. Halsbänder an Hals und Brust gut abgesetzt, wie Ketten. Kopf mit einem „M" auf der Stirn. Ununterbrochene Linien von den Augen nach hinten verlaufend. Mehrere Linien vom Kopf herunter zu den Schultern verlaufend, mehrere Rückenlinien laufen dicht nebeneinander am Rückgrat entlang und bilden einen schmalen Sattel. Dichte Zeichnung am ganzen Körper.
Silver tabby: Grundfarbe blasses, klares Silber, Markierungen tiefschwarz. Etwas Weiß um Lippen und Kinn erlaubt. Nasenspiegel möglichst ziegelrot. Pfotenballen möglichst schwarz.
Rot tabby: Grundfarbe rot, Markierungen intensiv dunkelrot. Etwas Weiß um Lippen und Kinn erlaubt. Nasenspiegel und Pfotenballen möglichst ziegelrot.

Braun tabby: Grundfarbe leuchtend kupferbraun. Markierungen tiefschwarz. Fußsohle von den Zehen bis zur Ferse schwarz. Etwas Weiß um Lippen und Kinn erlaubt. Nasenspiegel und Pfotenballen möglichst schwarz oder braun.
Blau tabby: Grundfarbe blasses bläuliches Elfenbein. Markierungen so dunkelblau, daß ein guter Kontrast zur Grundfarbe besteht. Alles warm ockerfarben überhaucht. Etwas Weiß um Lippen und Kinn erlaubt. Nasenspiegel möglichst altrosa, Pfotenballen möglichst rosenrot.
Creme tabby: Grundfarbe sehr blaß creme. Markierungen in Beige oder Creme, ausreichend dunkler, so daß trotz der Farbverdünnung noch ein guter Kontrast entsteht. Etwas Weiß um Lippen und Kinn erlaubt. Nasenspiegel und Pfotenballen möglichst rosa.
Cameo tabby: Grundfarbe weißlich, Markierungen rot, etwas Weiß um Lippen und Kinn erlaubt. Nasenspiegel und Pfotenballen möglichst rosenrot.
Patched tabby: Silver, braun oder blau tabby mit Flecken in Rot und/ oder Creme.
Tabby mit Weiß: Tabbyfarbe wie beschrieben, mit oder ohne Weiß im Gesicht. Lätzchen, Bauch und alle vier Pfoten müssen Weiß aufweisen. Wünschenswert ist Weiß auf 1/3 der Körperoberfläche. Zulässige Farben sind Silver, Rot, Braun, Blau oder Creme.
Patched tabby mit Weiß (torbie mit Weiß): Farbe wie bei Patched tabby beschrieben, mit Verteilung von Weiß wie bei tabby mit Weiß. Zulässig sind die Farben Silver, Braun oder Blau.

Particolour und Schildpattfarben
Schildpatt: Schwarz mit streifenfreien Flecken in Rot und Creme. Die Flecken sollen auf Körper und Extremitäten verteilt und klar umrissen sein. Eine creme oder rote Blesse ist erwünscht.
Schildpatt weiß: Schildpatt wie oben beschrieben, mit oder ohne Weiß im Gesicht. Lätzchen, Bauch und alle vier Pfoten müssen Weiß aufweisen. Nach Möglichkeit soll 1/3 der Körperoberfläche weiß sein.
Calico: Weiß mit streifenfreien Flekken in Schwarz und Rot. Weiß vorwiegend an der Unterseite.
Blau Calico: Weiß mit streifenfreien Flecken in Blau und Creme. Weiß vorwiegend an der Unterseite.
Blaucreme: Blau mit einfarbig creme Flecken, die sich klar abgesetzt und gut voneinander getrennt auf Körper und Extremitäten verteilen.
Blauschildpatt weiß: Blaucreme wie oben beschrieben, mit oder ohne Weiß im Gesicht. Lätzchen, Bauch und alle vier Pfoten müssen Weiß aufweisen. Nach Möglichkeit soll 1/3 der Körperoberfläche weiß sein.
Bicolour: Kombination einer einzigen Farbe mit Weiß. Die Farbe herrscht vor. Weiß befindet sich im Gesicht,

an Brust, Bauch, Beinen und Pfoten. Zulässige Farben sind Rot, Schwarz, Blau oder Creme.

Andere Farben

Chinchilla: Unterwolle rein weiß. Das Fell auf Kopf, Rücken, Flanken und Schwanz ist ausreichend schwarz getippt, damit der typische silberglitzernde Effekt entsteht. Die Beine können leicht mit Tipping schattiert sein. Kinn, Ohrbüschel, Bauch und Brust sind rein weiß. Augenumrandung, Lippen und Nasenumrandung schwarz. Nasenspiegel ziegelrot, Pfotenballen schwarz.

Shaded Silver: Weiße Unterwolle, mit schwarzem Tipping überzogen. Dunkle Schattierung auf Gesicht, Rücken, Schwanz und Seiten, heller werdend bis reinweiß auf Kinn, Brust, Bauch und Schwanzunterseite. Die Beine sollen den gleichen Ton aufweisen wie das Gesicht. Die allgemeine Erscheinung ist viel dunkler als die der Chinchilla. Augen, Lippen und Nasenspiegel schwarz umrandet. Nasenspiegel ziegelrot, Pfotenballen schwarz.

Porträt einer reifen Maine-Coon-Katze

Shell Cameo: Weiße Unterwolle; das Fell ist auf Rücken, Flanken, Kopf und Schwanz ausreichend rot getippt, damit der typische glitzernde Effekt entsteht. Gesicht und Beine können ganz leicht mit dem Tipping angetönt sein. Kinn, Ohrbüschel, Bauch und Brust weiß. Nasenspiegel, Augenumrandung und Pfotenballen rosenrot.

Shaded Cameo: Weiße Unterwolle mit rotem Tipping schattiert, das sich über Seiten, Gesicht und Schwanz erstreckt, von dunklerer Tönung auf dem Rückgrat heller werdend bis weiß an Kinn, Brust, Bauch und Schwanzunterseite. Die Beine sollen den gleichen Ton aufweisen wie das Gesicht. Die allgemeine Erscheinung muß viel kräftiger rot sein als die der Shell Cameo. Nasenspiegel, Augenumrandung, Pfotenballen rosenrot.

Black Smoke: Weiße Unterwolle, tiefschwarz getippt. In Ruhe erscheint die Katze schwarz, in Bewegung sieht man deutlich die weiße Unterwolle. Points und Maske erscheinen schwarz – nur wenn man das Fell teilt, kann man die schmale weiße Zone des Haars dicht über der Haut sehen. Weiße Halskrause und Ohrbüschel. Nasenspiegel und Pfotenballen schwarz.

Blue Smoke: Weiße Unterwolle, tiefblau getippt. In Ruhe erscheint die Katze blau, in Bewegung sieht man deutlich die weiße Unterwolle. Points und Maske erscheinen blau – nur wenn man das Fell teilt, kann man die schmale weiße Zone des Haars dicht über der Haut sehen. Weiße Halskrause und Ohrbüschel. Nasenspiegel und Pfotenballen blau.

Cameo Smoke: Weiße Unterwolle, tiefrot getippt. In Ruhe erscheint die Katze rot, in Bewegung sieht man deutlich die weiße Unterwolle. Points und Maske erscheinen rot – nur wenn man das Fell teilt, kann man die schmale weiße Zone des Haars dicht über der Haut sehen. Nasenspiegel, Augenumrandung und Pfotenballen rosenrot.

Blauschildpatt Smoke: Weiße Unterwolle, tief getippt mit Blau und Creme, so daß klar umrissene Flecken entstehen, vergleichbar der Blauschildpatt. In Ruhe sieht die Katze aus wie eine Blauschildpatt, in Bewegung erscheint deutlich die weiße Unterwolle. Im Gesicht und an den Ohren sieht man unter der blau schildpatt Färbung die schmale weiße Zone an den Haarwurzeln, wenn man das Fell teilt. Weiße Halskrause, weiße Ohrbüschel. Eine Blesse von Creme Tipping im Gesicht ist erwünscht.

Schildpatt Smoke: Weiße Unterwolle, tief getippt mit Schwarz, Rot und Creme, so daß klar umrissene streifenfreie Flecken entstehen, vergleichbar der Schildpatt. In Ruhe sieht die Katze aus wie eine Schildpatt, in Bewegung erscheint deutlich die weiße Unterwolle. Im Gesicht und an den Ohren sieht man unter der schildpatt Färbung die schmale weiße Zone an den Haarwurzeln, wenn man das Fell

Mit eineinhalb Jahren ist die Kätzin bereits prächtig entwickelt

teilt. Weiße Halskrause, weiße Ohrbüschel. Eine Blesse von rotem oder creme Tipping ist erwünscht.

Kreuzungen mit anderen Rassen sind nicht erlaubt.

Punkteskala:

Kopf	(30)
Form	15
Ohren	10
Augen	05
Körper	(35)
Form	20
Hals	05
Beine/Pfoten	05
Schwanz	05
Fell	(20)
Farbe	(15)
Körperfarbe	10
Augenfarbe	05
Insgesamt	100

Sibirische Katze 69

Allgemeines: Sibirische Katzen sind große, massive Katzen. Kater wiegen durchschnittlich 8–12 kg, Katzen 6–8 kg, Kastraten bis über 18 kg.

Sie verbreiteten sich über Sibirien zusammen mit den Übersiedlern aus Rußland, die all ihr Hab und Gut und ihre Haustiere mit sich führten. Teils durch das harte Klima, teils durch Vermischung mit den einheimischen halbwilden Waldkatzen entwickelten die Neuankömmlinge ein langes, dikkes, die Schneenässe abweisendes Fell sowie die Fähigkeit, ihr Heim ebenso gut zu verteidigen wie ein Hund.

Ihr unabhängiger und eigensinniger Charakter verursacht mitunter ernsthafte Schwierigkeiten auf dem Richtertisch. Aber planmäßige Selektion veredelt den Charakter dieser interessanten und einzigartigen Tiere.

Sibirische Katzen sind groß, äußerst beweglich, blitzschnell im Ansprung, mit erheblicher Angriffskraft. In Ruhe sind ihre Bewegungen gleichmäßig und gemessen, mit langen Wartezeiten vor dem Angriff, dem ein kurzes Fauchen vorausgeht.

Kopf: Groß, gerundeter Schädel, breit zwischen den Ohren, mit langem, leicht gewölbtem Übergang von der breiten, flachen Stirn zur weniger behaarten voluminösen runden Schnauze. Das Kinn ist massiv, jedoch nicht hervorspringend. Die Schnurrhaarkissen sind nicht besonders stark ausgeprägt. Die Schnurrhaare sind dick und lang, die Lippen trocken und fest.

Ohren: Groß, breit und niedrig angesetzt, in Ruhestellung nach vorn geöffnet, bei Erregung seit- und rückwärts gestellt. Vor dem Angriff liegen die Ohren dicht am Kopf an. Ohrbüschel und Pinsel sind gut entwickelt. Auf der Ohraußenseite ist das Haar

kurz und fein. Von der Ohrmitte an wird es gleichmäßig länger und bedeckt den Ohransatz vollständig. Von vorne gesehen, geht es über in den Backenbart, von hinten in die Mähne.
Augen: Weit gesetzt, oval und von mittlerer Größe. Der Blick ist aufmerksam gespannt. Augenfarbe gelbgrün in allen Nuancen.

Körperform: Die Sibirische Katze zeichnet sich durch kraftvolle, bei genauer Betrachtung klar hervortretende Muskulatur aus. Der mäßig lange Rücken verläuft horizontal, mit gewölbtem, sehr muskulösem, langem Kreuz. Der Bauch ist rundlich und fest.

„Saranka“ kam 1990 aus St. Petersburg nach Deutschland.
Die ausgezeichnete Mutter säugt ihre Babys und auch Adoptivkinder über Monate

„Tima“ wurde im Juli 1987 in Peterhof (Rußland) geboren; er war der erste seiner Rasse, der im Ausland internationale Titelanwartschaften gewann

Aufgrund der umstrittenen Diskussionen um weiße Katzen wurde der schöne „Aldan“ aus der Zucht genommen

Beine und Pfoten: Die hinteren Extremitäten sind in geradem Stand kaum merklich länger als die vorderen, jedoch in Bewegung verschwindet dieser Eindruck. Die Pfoten sind rund, groß und sehr kräftig. Die Krallen sind, mit Ausnahme der Daumenkralle, voll einziehbar.
Schwanz: Lang, breit am Ansatz und stumpf endend, ohne Verkrümmungen, Knoten oder Knick. Er ist gleichmäßig dick und dicht behaart.
Fell: Auf den Schulterblättern und dem unteren Teil der Brust etwas kürzer und dicht, Länge und Fülle der Mähne hervorhebend. Das Deckhaar ist fest, lang und glänzend, den Eindruck von Lack oder Öl vermittelnd. Das Unterfell ist lang, reich ausgebildet und glatt. An Bauch und Höschen verdichtet es sich zu dicken Locken. Gewelltes Fell ist nicht charakteristisch.
Farben: Alle Farben sind zugelassen. Vorzuziehen sind Agouti-Farben (Färbung der wild lebenden Waldkatzen).

Die dunkle Kontur um Nase und Augen sowie Zeichnungen auf Wangen und Stirn weisen auf Agouti hin

Punkteskala:

Allgemeiner Typ	20
Kopf, Ohren, Augen	30
Körper, Beine, Pfoten	20
Felltextur	25
Kondition	05
Insgesamt	100

Norwegische Waldkatze 64

Kopf: Dreieckig geformt, von den äußeren Ohransätzen bis zur Kinnspitze gemessen beinahe in Form eines gleichschenkligen Dreiecks. Der Kopf soll insgesamt ebenso lang wie breit sein. Der Stirnschädel ist flach, der Hals mittelkurz bis kurz mit unverhältnismäßig stark ausgeprägter Muskulatur.
Ohren: Die Ohren sind mittel bis groß. An der Spitze leicht abgerundet und sowohl weit seitlich als auch oben auf dem Kopf angesetzt, aufrecht, wachsam und wie horchend nach vorn gerichtet. Die Ohren sind sehr stark behaart. Haarbüschel an den Ohrspitzen sind erwünscht, je-

Eine Norwegerin von beeindruckendem Format

doch ist es kein Fehler, wenn keine vorhanden sind.

Augen: Groß, mandelförmig und ausdrucksvoll; leicht schräg gestellt, so daß der äußere Augenwinkel etwas höher liegt als der innere. Grün-goldene Augenfarbe wird bevorzugt, jedoch sind alle Töne in Grün und Golden zulässig. Weiße Katzen können kupferfarbene, blaue oder zwei verschiedenfarbige Augen haben, wenn sie nicht grün oder golden sind. Man sollte berücksichtigen, daß im Alter von 6–12 Monaten die Katze vorübergehend fast runde Augen hat. Ungefähr mit dem ersten Geburtstag der Katze sollte dieses Stadium überwunden sein.

Nase: Mittellang, von der Stirn bis zur Nasenspitze gerade, ohne Break. Kätzinnen dürfen eine ganz leicht gebogene Nase haben, aber keinen Break. Eine gerade Nase wird bei Kätzinnen jedoch bevorzugt.

Schnauze: Gut entwickelt, am Ende annähernd viereckig, dieser Eindruck wird durch ein gut entwickeltes Kinn verstärkt. Die Profillinie der Schnauze zeigt eher ein Viereck als eine Rundung; die Schnauze ist weder spitz zulaufend noch klein, fuchsartig oder mit Whisker-Pinch. Das Kinn sollte fest sein und im Profil sanft gerundet, der Biß korrekt.

Körper: Mittellang, mit schwerem Knochenbau, kraftvoll in der Erscheinung mit breiter Brust und beachtlichem Umfang, aber nicht fett. Kater groß und imposant. Kätzinnen erheblich kleiner, was nicht als Fehler gewertet wird. Man sollte beachten, daß Katzen dieser Rasse erst mit fünf Jahren ausgewachsen sind. Die tiefe Flanke (zwischen Rippen und Hüfte) verleiht dem Körper, von der Seite gesehen, eine bemerkenswerte Tiefe.

Beine und Pfoten: Mittellang, Hinterbeine länger als die Vorderbeine, wodurch das Hinterteil höher steht als die Schultern. Sehr muskulöse Oberschenkel und kräftige Beine. Von hinten gesehen sind die Beine gerade, die Pfoten sind rund, fest und reich mit Haarbüscheln ausgestattet. Die Vorderpfoten sind auswärts gerichtet.

Schwanz: Behaarung lang und fließend. Schwanzlänge entsprechend der Körperlänge (vom Schwanzansatz aus reicht die Spitze bis zu den Schultern).

Fell: Ausgesprochen doppeltes Fell. Drückt man die Fingerspitzen ins Fell, bleibt der Abdruck sichtbar. Das Deckhaar ist lang, glatt, weich und nicht trocken, sondern versehen mit fettigen Leithaaren, welche die Unterwolle bedecken. Die Unterwolle soll dicht und wattig sein.

Die Halskrause besteht aus drei Teilen: der kurzen Nackenkrause, den seitlichen Koteletten, dem reich ausgebildeten Vorderlätzchen. An den Hinterbeinen voll ausgebildete Höschen und reichliches Fell. Katzen unter zwei Jahren müssen noch nicht voll ausgebildete Halskrause und Höschen besitzen.

Einfarbige, Bicolours und Schildpatt haben glatteres, weicheres Fell als Tabbies. Beim Richten sollte man die Jahreszeit berücksichtigen, denn im Sommer und bei heißem Wetter ist das ganze Fell kürzer und die Koteletten sowie der Brustkragen fehlen; nur der Schwanz, die Ohr- und Fußbüschel lassen die Katze als langhaarig erkennen. Bei der Bewertung des Fells muß ferner das Entwicklungsalter der Katze berücksichtigt werden sowie die Tatsache, daß Katzen, welche das ganze Jahr hindurch im Haus oder in mildem Klima leben, weicheres und kürzeres Fell entwickeln als jene, die sich zeitweise in der Kälte aufhalten.

Farbe und Muster: Zulässig sind alle Farben und Farbkombinationen, außer Colourpoint. Bei Tabbies dürfen Kinn, Brust und Bauch weißlich oder weiß sein. Weiße Flecken, Medaillon oder Bauchfleck dürfen bei allen Farben vorkommen.

Kondition und Ausgewogenheit: Wesentlich ist eine wache, gesunde, feste und muskulöse, gut proportionierte Erscheinung. Kater sollten groß und imposant sein, Kätzinnen mittelgroß und harmonisch. Kräftige Muskulatur ohne Anschein von Fettleibigkeit oder Magerkeit ist von Bedeutung. Trübe Augen und glanzloses Fell sind Konditionsmängel. Die Katze soll körperlich und charakterlich ausgewogen sein, freundlich und zutraulich im Umgang.

Fehler: Kurze Beine, gedrungener Körper, kurze Nase mit Break, runder oder viereckiger Kopf, kleine Ohren bei erwachsenen Katzen (zwei Jahre), trockenes Fell. Verfilztes Fell, kurzer Schwanz und jegliche extreme Standardabweichung. Zarte Knochenstruktur ist ein schwerer Fehler.

Farben:

Einfarbig: Weiß mit blauen Augen, weiß mit kupferfarbenen Augen, weiß odd eyed, blau, schwarz, rot, creme.

Tabby: Blau tabby, blau silver tabby, rot tabby, creme tabby, braun tabby, silver tabby, golden tabby, cameo tabby, und zwar jeweils in classic, mackerel, spotted und ticked tabby.

Schildpatt: Blau schildpatt, schildpatt, cameo schildpatt, blau patched tabby, braun patched tabby, silver patched tabby, blau torbie, braun torbie und silver torbie.

Smoke: Blue smoke, black smoke, braun tabby smoke, schildpatt smoke,

Dieser Kater zeigt mit 6 Monaten bereits ein gut entwickeltes Haarkleid

Mit einem dreiviertel Jahr schon ganz schön selbstbewußt

chinchilla silver, shaded silver, shell cameo, shaded cameo, smoke cameo.
Bicolour: Blau weiß, schwarz weiß, rot weiß, creme weiß.
Particolour: Alle o. g. Farben außer bicolour mit weiß. Auch blau schildpatt weiß und schildpatt weiß.

Musterungen:
Spotted tabby: Ziemlich große Flekken unterschiedlicher Größe und Form, unregelmäßig verteilt. Ein Sattel aus zwei oder mehr parallel verlaufenden Streifen, im Idealfall in Flecken aufgelöst, erstreckt sich entlang der Wirbelsäule vom Schädeldach bis zum Schwanz.
Fehler: Unterbrochenes mackerel tabby oder classic tabby Muster.
Ticked tabby: Keinerlei Musterung auf Seiten oder Rücken. Nur bei älteren Katzen darf entlang der Wirbelsäule die Farbe dunkler sein. Jedes einzelne Haar weist helle und dunkle Streifen auf, ähnlich dem Abessinier-Ticking.
Fehler: Geisterstreifen.
Torbie: Das Torbiemuster besteht aus Tabbymuster und Schildpattmuster, die einander überlagern. Typisches Tabbymuster vorwiegend an Kopf, Schwanz und Beinen, manchmal auch am Körper. Typisches Schildpattmuster am Körper.

Patched tabby: Die Grundfarbe in einem der vier Tabbymuster, gefleckt mit Rot oder Creme (je nach Grundfarbe). Die Flecken am Körper und an den Extremitäten heben sich gut ab. Eine rote oder creme Blesse ist erwünscht, wenn sie fehlt, ist das aber kein Fehler.
Farben: Braun tabby smoke (mackerel, classic, spotted, ticked). Braun tabby mit weißer Unterwolle wie bei anderen Smokes. Blau silver tabby (mackerel, classic, spotted, ticked). Blau tabby mit weißer Unterwolle wie bei anderen Smokes.

Punkteskala:

Kopf	(30)
Form/Proportion	10
Ohren	05
Augen	05
Nase	05
Schnauze	03
Kinn	02
Körper/Schwanz	(30)
Körper	10
Beine und Pfoten	10
Schwanz	10
Fell	(20)
Farbe und Musterung	10
Kondition und Ausgewogenheit	10
Insgesamt	100

Erläuterungen

Kondition
Allgemeines: Was beinhaltet der Ausdruck „Kondition“? In der Kondition spiegelt sich die ganze Katze wider. Ernährung, Pflege, Umgebung und Veranlagung – all das spielt eine wesentliche Rolle für die Kondition einer Katze. Diese wichtigen Faktoren wirken sich in jeder Hinsicht auf die Katze aus.
Körperliche Kondition: Die Katze sollte in erstklassiger körperlicher Verfassung sein.
Sauberkeit und Präsentation: Die Katze sollte absolut sauber sein. Durch Kämmen und Bürsten sollte man die Schönheit der Katze steigern und die besondere Eigenart der Rasse betonen.
Temperament: Die Ausstellungskatze sollte im Temperament ausgeglichen sein und sich ohne Widerstand richten lassen. Wenn die Katze ruhig und ausgeglichen veranlagt ist, kann der Richter sie am vorteilhaftesten beurteilen und vorstellen.
Aussehen: Allgemeine Gesundheit und Vitalität spiegeln sich in klaren Augen, glänzendem Fell und wachem Aussehen wider. In der Bewegung zeigt die Katze die charakteristische Eleganz und angeborene Schönheit ihrer Rasse.
Haptischer Eindruck: Wenn der Richter eine Ausstellungskatze anfaßt, stellt er mit den Händen fest,

wie groß sie ist, welche Form die Knochenstruktur aufweist, wie die Muskulatur entwickelt ist und wie die Katze überhaupt gebaut ist. Die ganze Katze besteht aus der Summe ihrer Körperteile und Merkmale.

Fehlerliste

Die aufgeführten Mängel sind in allen Rassen unerwünscht. Sie können für die einzelnen Katzen von Nachteil sein. Katzen mit nur einem der genannten Fehler sollen weder auf Ausstellungen plaziert noch zur Zucht verwendet werden.

Einbuchtung im Stirnknochenbereich: Eine Vertiefung der Vorderseite des Schädels über den Augenbrauen.
Entropium: Das obere, das untere oder beide Augenlider sind einwärts gekehrt; hierdurch reiben sich die Wimpern oder Haare an der Oberfläche des Auges.
Dauerndes Schielen: Jede Abweichung von geradem, normalem Blick.
Zu kleine Nasenöffnung: Verengung der Nasenlöcher in vertikaler, horizontaler oder beiden Richtungen, wodurch Atembeschwerden verursacht werden können. Dies ist oftmals

Diese Farbzusammenstellung haben bei allen Katzenrassen nur die Weibchen

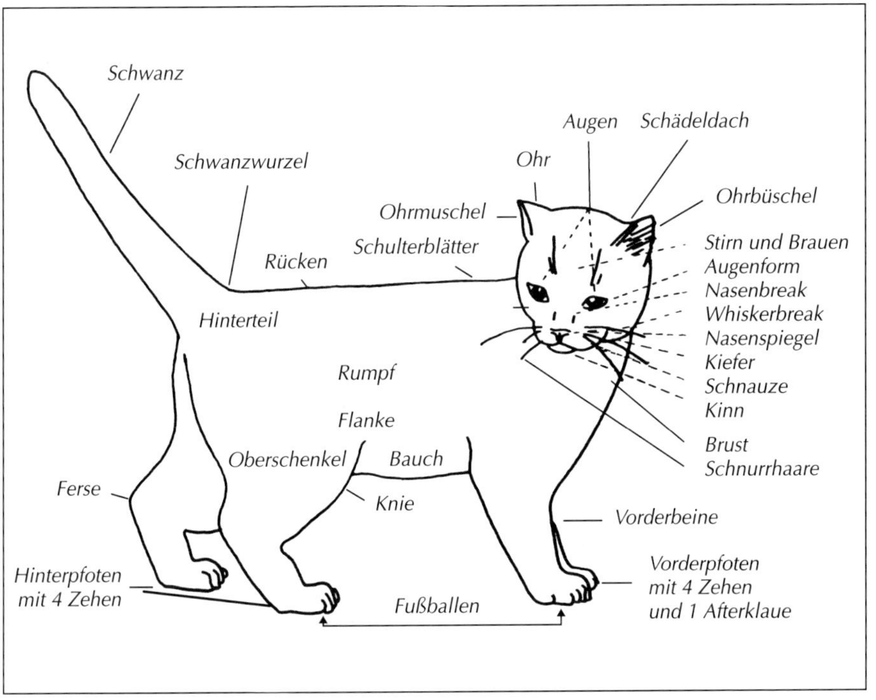

Körperteile und Merkmale der Katze

verbunden mit abgeflachten Nasenknochen und kleinem Nasenspiegel.

Übertriebene Senkung des Nasenrückens (Stop): Die Nasenhöhle ist stark verkleinert, wodurch Atembeschwerden verursacht werden können. Dies ist oftmals begleitet von verstopften Tränenkanälen. Die Nase sollte nicht übertrieben kurz sein.

Nach oben verschobene Nase: Extreme „Himmelfahrts-“ oder Stupsnase. Der obere Rand des Nasenspiegels liegt höher als das untere Augenlid.

Unterbiß-/Überbißkiefer
Zu enger oder verkrümmter Unterkiefer

Anomale Stellung der Eckzähne: Bei geschlossenem Mund sollten die Eckzähne fast vertikal stehen, wobei die unteren Eckzähne genau zwischen die oberen passen, so daß sich die Vorderseite des linken oberen und die Rückseite des linken unteren Eckzahnes fast berühren; ebenso sollte es bei dem rechten oberen und unteren Eckzahn sein. Die Schneidezähne sollten eine gerade Linie zwischen den Eckzähnen sowohl im Ober- als auch im Unterkiefer bilden. Der ideale Biß ist dann gegeben, wenn die oberen und unteren Schneidezähne genau aufeinander passen.

Verformung des Brustkorbs
Bleibende Verformung des Brustbeins oder des Schwertfortsatzes: Die Brust sollte – im Querschnitt gesehen – symmetrisch vom Rückgrat bis zum Brustbein abgerundet oder oval sein. Auf Rückgrat oder Rippen sollten weder Impressionen noch hervorspringende Stellen vorkommen. Das Sternum (Brustbein) sollte einer leichten konvexen Wölbung folgen, ohne Verformung, Impression oder Vorwölbung sowie ohne Haken am Sternumende.
Bleibende Verformung (Knick) des Schwanzes: Kleine knöcherne Auswüchse brauchen die Katze nicht von einer Plazierung auszuschließen, sollten jedoch in Betracht gezogen werden.
Kniescheibenverrenkung bei erwachsenen Katzen: Hier kann die Kniescheibe von der Vorderseite des Gelenks seitwärts wegrutschen.
Anomale Anzahl von Zehen: Jegliche andere Beschaffenheit als 4 Zehen an jeder Pfote und einer Afterklaue an jedem Vorderbein.
Eingeweidebruch: In diesem Falle ist der Tierarzt zu konsultieren.
Monorchismus oder Kryptorchismus bei erwachsenen Katzen: Beide Hoden müssen bei gesunden erwachsenen Katern in den Hodensack ausgetreten und dort vorhanden sein.

Schielen und Knickschwanz sind in die Liste aufgenommen worden, weil sie Fehler bei allen Rassen sind, obgleich es unwahrscheinlich ist, daß sie sich auf die Gesundheit der Katze oder ihrer Nachkommenschaft auswirken.

Glossar
Agouti: Färbung der wildlebenden Waldkatzen, auch bei Tabbykatzen, jedes einzelne Haar weist eine Bänderung auf (s. a. Ticking)
Break: Leichte Einbuchtung des Nasenrückens, wodurch die Kontur des Gesichts (Nasenlinie) nicht geradlinig, sondern geschwungen, abgesetzt, unterbrochen erscheint (s. a. Pinch)
Calico: Dreifarbig („Glückskatze", nur weiblich) schwarz-weiß-rot bzw. blau-weiß-creme (dilute Calico)
Classic Tabby: Blotched Tabby, Rädermuster, marmoriert, gestromt (im Gegensatz zu mackerel, spotted oder ticked Tabby), Katzen mit classic Tabby werden auch als „Marmorkatze" oder „Räderkatze" bezeichnet
Daumenabdruck: Heller Fleck auf der Ohraußenseite („Wildfleck")
Geisterstreifen: Geisterzeichnung, leichte Tabbymarkierung auf einfarbigem Fell in der Jugend („Kinderkleid"), verschwindet mit dem ersten Fellwechsel

Halsbänder: Nicht unterbrochene Streifen auf der Brust
Halskrause: Reiche, lange Behaarung auf Schulter und Brust
Höschen: Ausgeprägte, lange Behaarung der Hinterbeine (Knickerbokker)
Mackerel Tabby: Tigertabby, getigert, quer zum Körper dicht gestreift, Tigerkatze
Medaillon: Weißer Brustfleck
Nasenspiegel: Der nicht behaarte Teil der Nasenspitze
Odd Eyed: Augen in zweierlei Farben, eines blau, das andere goldfarben, orange oder kupferfarben
Offene Augen: Große, runde Augen
Ohrbasis: Ohransatz am Kopf
Patched Tabby: Tortie Tabby, Torbie, gestromt oder getigert mit über den Körper verteilten roten/creme Flecken (nur weibliche Katzen)
Pinch: Profil mit Einbuchtung, z. B. Whisker Pinch
Pinsel: Lange Behaarung der Ohren, Ohrbüschel
Schildpatt: Tortie, schwarz und rot bzw. blau und creme (nur weibliche Katzen)
Schwanzansatz: Schwanzwurzel am Körperende
Schwanzfehler: Knick, Knoten, Verkrümmung oder Verkürzung der Schwanzwirbelsäule
Spotted Tabby: Getupft, in Tupfen aufgelöstes mackerel Tabby
Stop: Starke Kurve oder Einbuchtung im Nasenprofil
Ticking: Getickt, Bänderung eines jeden einzelnen Haares in drei oder mehr Farbzonen (Agouti-Katzen)
Tipping: Getippt, Färbung der Haarspitzen auf hellem/weißem Grund, bei Katzen der Silberserie, u. a. auch Cameo, Smoke
Torbie: Tortie Tabby, Patched Tabby (s. dort)
Tortie: Schildpatt (s. dort)
Whisker Pinch: Whisker Break, abgesetztes Wangenprofil (Einbuchtung) durch ausgeprägte Schnurrhaarkissen

Adoption

Warum eine Waldkatze?

Nie waren Katzen so beliebt wie heute. Längst haben sie sich auf Deutschlands Hitliste liebster Haustiere am Hund vorbei auf Platz Nummer 1 geschnurrt. Schätzungsweise in jedem dritten Haushalt wird miaut – die Tendenz ist steigend!

Bei der Auswahl einer Rassekatze fällt immer öfter die Wahl auf eine Maine Coon, eine Sibirische oder eine Norwegische Waldkatze. Schaffte man sich früher in erster Linie eine Katze an, um der Mäuse Herr zu werden, erkennt man sie nunmehr als das sensible Wesen an, das sich dem Menschen anzuschließen bereit ist, wenn es sich akzeptiert und verstanden fühlt. Vor dem Hintergrund wachsender Erkenntnisse von Tiermedizin, -psychologie und Verhaltensforschung einerseits, zunehmender Urbanisierung andererseits hat sich die Einstellung zu Tieren allgemein und damit auch zur Katze entschieden gewandelt. Aus dem einstigen Nutztier und Prestigeobjekt ist das Mitgeschöpf geworden, mit dem zu leben Glück wie auch Verantwortung bedeutet. Wie Familienmitglieder in den Haushalt integriert, erfüllen Katzen wesentliche Rollen im Leben gestreßter Menschen – als ruhender Pol, als Freund, Vertraute, Pflegling, Spielkamerad, Vorbild und Quelle heiterer Gelassenheit, Selbstgenügsamkeit und Stolz, Ruhe, Konzentration und Entspannung, nicht zuletzt aber auch als Repräsentantin von Natur und Ursprünglichkeit, die dem modernen Menschen durch die täglichen Zwänge weitgehend abhanden gekommen sind.

Die beglückende Wirkung des Zusammenseins mit Katzen ist mehr als eine subjektive Empfindung ausgesprochener Katzennarren. Mediziner, Psychologen, Pädagogen und Gerontologen bestätigen den positiven Einfluß, den die Katze auf Menschen ausübt. Katzenhalter leben länger und gesünder. Die bloße Anwesenheit einer Katze läßt den Puls ruhiger schlagen, erhöhten Blutdruck sinken, Depressionen lassen nach, Aggressionen werden abgebaut. Weil sie gerne schmust und spielt, hilft sie Einzelkindern und alten Menschen aus der Vereinsamung. Geduldig und verschwiegen läßt sie sich alle großen und kleinen Sorgen erzählen. Wenn sie pünktlich ihre Mahlzeiten fordert und mit Nachdruck die Einhaltung der täglichen Routine wünscht, weiß ihr Pfleger, daß sie ihn braucht: Eine wesentliche Erfahrung, die ältere Menschen aktiv hält, Kinder und Jugendliche an die Übernahme von Verantwortung heranführt.

Die ständig wachsende Beliebtheit der Waldkatzenrassen ist nicht nur eine Modeerscheinung, sondern gewissermaßen soziokulturell bedingt. Nicht nur, weil Perserkatzen punktuell als bisher vorherrschende Langhaarrasse züchterisch bis an die Grenze des Vertretbaren entwickelt, ihre Schönheit allgemein in unvorstellbarem Maße perfektioniert und damit vom Urbild „Katze“ weit entrückt wurden, sind wieder sogenannte „richtige“ Katzen gefragt. Nein, jede Bewegung zieht eine Gegenbewegung nach sich. In unserer modernen mit artifiziellem Schnickschnack saturierten Welt ist in allen Bereichen Natürliches zur Seltenheit geworden. Aus dieser Perspektive erklärt sich die Vorliebe vieler zu kraftvollen, ursprünglichen, ja, etwas wild aussehenden Katzen fast von selbst. Und das Beste daran: Maine Coon, Sibirische und Norwegische Waldkatzen sehen nicht nur aus wie „natürlich gebliebene“ Rassen, sie sind es auch!

Entscheidende Vorüberlegungen

Verantwortung

Ein kuscheliges Kätzchen mit munteren Knopfaugen und tapsigen Tätzchen ist für fast jeden ein unwiderstehlicher Anblick. Das liegt an dem von der Natur vorgegebenen Kindchenschema, welches mit Rundköpfigkeit, gewölbter Stirn und kurzen Gliedmaßen den Pflegetrieb in uns auslöst. Doch trotz der vielen Vorteile, welche die Haltung einer Katze mit sich bringen kann, wäre es unverantwortlich, die Anschaffung aus einer Laune heraus zu tätigen. Nur unter geeigneten Lebensumständen kann man seiner Waldkatze ein schönes, zufriedenes Dasein ermöglichen (s. Kap. Haltung). Sie hat ein Recht darauf. Ehe man sich entschließt, eine Maine Coon, eine Sibirische oder eine Norwegische Waldkatze zu adoptieren, sollte man gewissenhaft prüfen, ob man uneingeschränkt bereit ist, erhebliche Konzessionen zu machen:

- Man bekommt zwar einen anhänglichen, aber vollständig abhängigen Hausgenossen – und das für eine Zeitdauer von ca. 15 Jahren.
- Mit der vierbeinigen Erweiterung des Haushaltes wachsen auch die Ausgaben. Essen! Streu! Impfungen! Nicht zu vergessen die Kosten für die ersten wesentlichen Anschaffungen wie Transportkoffer, Toilettenschüsseln, Eßnäpfe, Pflegeutensilien, Spielzeug, Kratz- und Kletterbaum!
- Das tägliche Arbeitspensum wird zunehmen durch die Zubereitung der Mahlzeiten, das Reinigen der Toilettenschüsseln und durch die Pflege der Katze!

Neugierig schaut das Katzenkind in die Welt

- Waldkatzen haben scharfe Krallen. Wem seine Polstergarnitur lieber ist, der lasse bitte die Hände weg von Katzen. Jede noch so sanfte Katze zeigt hin und wieder ihre Krallen, denn Kratzen und Wetzen gehört zu ihrem natürlichen Verhaltensrepertoire.
- Erlaubt der Mietvertrag Tierhaltung? Auch wenn Katzenhaltung prinzipiell erlaubt ist, können kleingedruckte Klauseln dem entgegenstehen.
- Sind alle Familienmitglieder einverstanden? Ständiger Streit ums Tier wäre auf Dauer unerträglich.
- Ist gewährleistet, daß niemand in der Familie gegen Katzen allergisch ist? Im Zweifelsfalle kann ein Test vorab Klarheit schaffen.

Der richtige Zeitpunkt

Den Zeitpunkt der Adoption sollte man nicht dem Zufall überlassen. Zur Eingewöhnung des neuen Familienmitgliedes ist es besser, sich genügend Zeit und Muße zu nehmen. Geeignet sind ein paar freie Tage, ideal der Beginn der Urlaubszeit, mindestens sollte ein verlängertes Wochenende zum gegenseitigen Kennenlernen vorgesehen werden.

Die verbreitete Meinung, im Mai geborene Kätzchen seien robuster als Herbstkätzchen, trifft nur auf halbwilde, herrenlose oder verwahrloste Tiere zu. Gut gepflegte Rassekatzen können auch über Herbst und Winter kräftige Kinder großziehen. Wenn man seine Katze ausschließlich in der Wohnung halten möchte, ist die kältere Jahreszeit zur Eingewöhnung sogar günstiger, denn Türen und Fenster sind sowieso geschlossen, und man selbst bleibt auch lieber drinnen.

Auswahlkriterien
Jede Katze ist schön. Gerade weil bei der Auswahl oft das Herz spricht, müssen wichtige Gesichtspunkte vorher bedacht werden. Einige wesentliche Auswahlkriterien sind Alter, Geschlecht und individuelles Temperament. Auch sollte man überlegen, ob zwei Katzen nicht besser sind als eine allein.

Alter: Die allermeisten Leute wünschen sich ihr Kätzchen so klein wie möglich. Doch es gibt auch Überlegungen, die zur Anschaffung einer schon ausgewachsenen Katze führen. Erwachsene Katzen spielen nicht mehr gar so übermütig und sind mitunter schon sehr gut erzogen. Wer selbst schon im fortgeschrittenen Alter ist, weiß das gemäßigte Temperament einer betagteren Katze zu schätzen. Wichtig ist dann allerdings eine Regelung zur Versorgung der Katze für den Fall der eigenen Pflegebedürftigkeit.

Wer sich einer Katze „mit Vergangenheit“ annimmt, tut das meistens im Bewußtsein, einem armen verwaisten Wesen Schutz und Heim zu bieten. Die Samaritertat kann jedoch nur gelingen, wenn man bereit ist, sich mit viel Geduld und Einfühlungsvermögen auf die Probleme und Bedürfnisse der Katze einzustellen. Verspätete Erziehungsversuche bedürfen einiger Katzenerfahrung und sollten im Zweifelsfalle zurückgestellt werden. (s. Kap. Kleine Katzenpsychologie).

Abzuraten ist vom Kauf „ausgedienter“ Zuchtkatzen. Kein gewissenhafter Züchter, der seine Katzen liebt, trennt sich von seinen alten Tieren.

Geschlecht: Kater oder Kätzin? Die oft gestellte Frage läßt sich nicht generell beantworten. Weibchen gelten als intensivere Schmuserinnen, geschicktere Jägerinnen, als intelligenter und hartnäckiger im Durchsetzen ihrer Absichten. Kater sind eher gemütlich, anhänglich, fügsamer. Nach der Kastration (s. Kap. Unfruchtbarmachung) nivellieren sich die geschlechtsspezifischen Eigenschaften jedoch weitgehend, so daß der angeborene individuelle Charakter und vor allen Dingen Erziehung und Lebenserfahrungen das Verhalten ganz überwiegend bestimmen.

Auch die äußere Erscheinung, Weibchen sind eher leichter und schmaler, Kater massiver und größer mit dickem Kopf und Katerbacken, ist bei Kastraten weniger geschlechtstypisch ausgeprägt.

Temperament: Nach dem Grundsatz „Gleich und Gleich gesellt sich gern“ leben die meisten Menschen am glücklichsten mit einer Katze, die ihrem eigenen Temperament ähnlich ist, und der Katze geht es verständlicherweise ebenso. Bei Waldkatzen findet man überwiegend selbstbewußte Charaktere, die bestrebt sind, ihren Willen durchzusetzen und sich nicht scheuen, auch mal ihre Krallen auszufahren, wenn sie es für nötig halten. Ganz entsprechend der Züchtungsdauer gelten Maine-Coon-Katzen als die liebenswürdigsten und unkompliziertesten der drei Rassen, während die eigensinnigen, noch sehr naturnahen Sibirer öfter für Überraschungen sorgen. Mit ungeheuerer Sprungkraft durchmessen sie mit einem einzigen Satz ein ganzes Zimmer. Dabei kann einem „im Vorbeifluge“ der Belag vom Brot oder ein ganzes Stück Kuchen aus der Hand kommen. Wen sie mögen, dem landen sie unvermutet auf der Schulter, um dem auserwählten Menschen vor lauter Liebe die Haare zu durchwühlen, ihn regelrecht abzuküssen oder um ihn von Schmuck und Knöpfen zu „befreien“. Für zimperliche Naturen sind Sibirische Katzen nicht geeignet.

Wenn zwei Geschwister zusammenbleiben können, bedeutet das großes Glück!

Im Alter von 9 Wochen sind die Augen noch blau

Eine oder zwei Katzen?

Die überlieferte Behauptung, Katzen seien Einzelgänger, wurde von Verhaltensforschern eindeutig widerlegt (s. Kap. Kleine Katzenpsychologie). Nichts ist schöner für zwei Geschwister aus einem Nest, als wenn sie für immer zusammenbleiben dürfen. Die Befürchtung, die beiden würden sich dann mehr einander anschließen und weniger zutraulich werden, trifft nicht zu. Keine Katze kann die menschliche Bezugsperson ersetzen. Doch ein Dasein zu zweit ist für die lebhaften Waldkatzen auf jeden Fall schöner als allein. Mit dem Artgenossen gewinnen sie an Lebensqualität, indem sie miteinander spielen, raufen und Gemeinsamkeit pflegen, wie ein Mensch es nun einmal nicht kann. Sie dabei zu beobachten ist für jeden Katzenfreund ein Quell täglicher Freude! An Aufwand und Verantwortung ändert sich durch die Haltung zweier Katzen anstatt einer nur wenig. Erleichternd ist dagegen die Vorstellung, daß die beiden tagsüber während berufsbedingter Abwesenheit der Menschen nicht an Einsamkeit leiden.

Natürlich können beide Waldkätzchen auch aus verschiedenen Nestern kommen. Bis zum Alter von ein bis zwei Jahren gewöhnen sie sich meistens problemlos an einen Gefährten. Auch später akzeptieren viele Katzen noch eine zweite, am besten eine noch recht junge vom anderen Geschlecht.

Kommt zu einer bereits vorhandenen Katze eine zweite dazu, müssen beide einwandfrei gesund sein, damit es nicht zu gegenseitiger Ansteckung kommt. Damit sich kein unerwünschter Nachwuchs einstellt, sollte eine von beiden am besten schon unfruchtbar gemacht worden sein. Aus dem gleichen Grunde wählt man bei gleichaltrigen Jungkätzchen entweder zwei Männchen oder zwei Weibchen.

Wer nur eine Katze halten möchte, muß sich darüber im klaren sein, daß er ihr, vor allem wenn sie ausschließlich im Hause lebt, alle Sozialkontakte und Aktivitäten, die sie sonst mit anderen Katzen hätte, ersetzen muß (s. Kap. Haltung).

Kontaktaufnahme mit dem Züchter

In der Regel bekommt man keine junge Maine Coon, keine Norwegische und erst recht keine Sibirische Katze von heute auf morgen. Da die Katzenzucht normalerweise als Hobby im kleinen familiären Rahmen betrieben wird, ergeben sich Wartezeiten von einigen Wochen bis Monaten. Manchmal sind die wenigen Jungtiere schon vorbestellt, ehe sie das Abgabealter erreichen!

Bei der Suche nach einer vertrauenswürdigen Züchteradresse läßt man sich am besten durch einen anerkannten größeren Züchterverein (s. Anschriften) beraten. Hat der empfohlene Züchter in absehbarer Zeit kein Jungtier anzubieten, so wird er den Interessenten gern an seriöse Züchterfreunde weitervermitteln. Viele Katzenzüchter arbeiten freundschaftlich zusammen, ihre Kooperation kann sich über Ländergrenzen hinweg erstrecken.

Anläßlich der ersten telefonischen Kontaktaufnahme wird der Interessent einige Fragen über Kaufmotivation und persönliche Lebensumstände beantworten müssen, denn der um das künftige Wohl seiner Katzen besorgte Züchter wird sie nicht dem erstbesten Käufer anvertrauen. Er wählt die vertrauenswürdigsten Personen aus. Der Interessent kann seinerseits einen ersten Eindruck von der Persönlichkeit des Züchters gewinnen. Verläuft das Gespräch zur beiderseitigen Zufriedenheit, wird ein Besuchstermin beim Züchter vereinbart.

Bei jungen Waldkätzchen ist das Langhaar noch nicht ausgeprägt

Welches Kätzchen nehme ich?

Der Antrittsbesuch in der Katzenkinderstube ist für alle Beteiligten mit

Herzklopfen verbunden. Frühestens mit vier bis sechs Wochen, oft erst nach erfolgter Impfung im Alter von gut acht Wochen, stellt der Züchter seine kleinen Waldkätzchen Fremden vor. Die putzigen Kleinen hüpfen und spielen lebhaft, wenn sie nicht gerade im Tiefschlaf versunken sind. Noch sehen sie ihren Eltern nicht sehr ähnlich. Die Farben, vor allem der kleinen Tabbykätzchen, sind noch unregelmäßig und dunkel, die noch unklaren Musterungen erst an den Beininnenseiten zu erkennen. Das Haar ist seidig, anliegend und mehr fusselig als lang. Wie bei Menschenkindern wachsen die Extremitäten in Schüben, so daß zeitweilig die Proportionen nicht zu stimmen scheinen. Unwiderstehlich herzig sieht es aus, wenn sie unter den aufmerksamen Blicken ihrer Mutter wie junge Füchse auf fast staksig wirkenden Beinchen loslaufen, einander mit dicken Tätzchen packen und ringkämpfend umeinanderkollern. Kommt eines zutraulich herzu, möchte man es gleich hochnehmen, streicheln und kuscheln, doch das sollte nur mit besonderer Erlaubnis des Züchters geschehen. Der Zugriff Fremder könnte die instinktstarke Mutterkatze verunsichern und sie unvermittelt zur Attacke animieren. Außerdem sollen keine Krankheitskeime an die noch ungeimpften Jungtiere herangetragen werden.

Typisch sibirisch: Noch rührend klein, doch schon ein bißchen grimmig schauen!

Am Kragen tritt die helle Unterwolle zutage

Vielleicht wird der Züchter die Jungen einzeln aus dem Lager herausnehmen und vorstellen. Jedes hat schon einen Namen und meistens auch ganz eigene, angeborene Züge. Ehe man sich aber ein Kleines aussucht, sollten folgende Fragen mit „ja“ beantwortet werden können, um von vornherein alle möglichen Sorgen mit dem zukünftigen Hausgenossen ausschließen zu können:

- Sieht der ganze Wurf gesund und altersgemäß entwickelt aus (blanke Augen, glänzendes anliegendes Fell, Nase, Ohren, After sowie auch die Augen frei von Ablagerungen, sauber am ganzen Körper)?
- Wurden die Kätzchen unter menschlicher Obhut geboren und werden sie, zusammen mit ihrer Mutter, im engen Menschenkontakt fürsorglich großgezogen?

- Ist die Umgebung sauber und katzengemäß (Spielzeug, Klettergelegenheit, Platz)?
- Macht die Mutterkatze, wie auch alle anderen Katzen im Haushalt des Züchters, einen gesunden, zufriedenen Eindruck?
- Ist der gesamte Katzenbestand des Züchters frei von ansteckenden Krankheiten und Viren (z. B. FeLV – Katzenleukose, FIV – Katzenaids, FIP – Feline Infektiöse Peritonitis)?
- Ist der gesamte Katzenbestand frei von inneren und äußeren Parasiten (z. B. Würmer, Flöhe, Milben, Hautpilze)?
- Sind alle Jungkätzchen bei der Abgabe mindestes zwölf Wochen alt und vorschriftsmäßig gegen Katzenseuche geimpft (möglichst auch gegen Katzenschnupfen)?
- Haben alle Jungtiere Ahnentafeln eines anerkannten Zuchtverbandes?
- Ist der Züchter bereit, auch nach der Abgabe noch als Ratgeber in Fragen der Katzenhaltung zu Verfügung zu stehen?

Umgekehrt wird sich der Züchter vorsorglich nach der beabsichtigten Haltung und der grundsätzlichen Einstellung des Käufers zu seiner Katze erkundigen. Bei beiderseitigem Einverständnis wird die Reservierung der ausgewählten kleinen Waldkatze schriftlich niedergelegt und mit einer Anzahlung bestätigt.

Der Preis für eine junge Maine Coon, Norwegische Waldkatze oder Sibirische Katze beträgt rund tausend Mark. Obwohl dieser Betrag zunächst hoch erscheinen mag, deckt er nicht einmal die Kosten, die der Züchter zu tragen hat, ehe er ein hübsches Nest gesunder Jungtiere präsentieren kann.

Grundausstattung

Ehe das Kätzchen einziehen soll, besorgt man alles, was es zu seinem Wohlbefinden braucht. Für die Reise ins neue Heim und für spätere Fahrten zum Tierarzt oder in den Urlaub eignet sich eine stabile Transportbox aus festem Kunststoff besser als ein hübscher geflochtener Korb, weil sie gegen Katzenkrallen unempfindlich, unfallsicher, zuverlässig zu reinigen und zu desinfizieren ist. Zudem bietet sie Schutz gegen Luftzug von der Seite und Feuchtigkeit von unten. Am haltbarsten sind die für Flugreisen zugelassenen Fabrikate, ausgestattet mit Tür und Fenstern aus Metall. Empfehlenswert ist eine Größe von wenigstens $40 \times 45 \times 50$ cm, damit eine große erwachsene Waldkatze darin bequem liegen, sitzen und sich umdrehen kann. Als Einlage gibt es passende waschbare Kissen. Soll das Kätzchen lernen, an Brustgeschirr und Leine zu gehen, so muß das gleich von Anfang an geübt werden. Am angenehmsten zu tragen ist weiches, leichtes, glattes Material. Das Eß- und Trinkgeschirr sollte aus Porzellan oder Steinzeug sein, denn das ist hygienisch einwandfrei zu reinigen. Da Waldkatzen gern mit ihrem Trinkwasser spielen oder ein Pfötchen auf den Tellerrand setzen, braucht man kippsichere Gefäße. Ein nicht zu kleiner Trinknapf und drei bis vier flache Teller genügen für eine oder zwei Katzen. Die Anzahl der Katzentoiletten sollte stets um eine höher sein als die der Katzen. Manche verrichten großes und kleines Geschäft gern in zwei verschiedenen Kistchen. Als Einstreu wählt man zunächst das Produkt, welches die Katze vorher hatte. Dazu gehört die passende Schaufel. Manche Waldkatzen schätzen eine kuschelige Schlummerhöhle oder eine eigene Wolldecke zum Schlafen, die meisten aber bevorzugen wechselnde Plätze. Unbedingt erforderlich ist ein Kratz- und Kletterbaum, je größer und stabiler, desto besser! Er sollte an prominenter Stelle in der Wohnung aufgestellt werden, damit die Katze möglichst viel vom Familienleben aus sicherer Höhe beobachten kann.

Zur Pflege der Katze genügt ein weitzinkiger Metallkamm und eine Bürste mit weichen Naturborsten.

Schneeweißes Fell kommt selten vor

Alle Produkte für die Katze gibt es im Fachhandel für Tierbedarf, in großer Auswahl auch bei Rassekatzen-Ausstellungen, zu kaufen. Für Wohnungskatzen braucht man außerdem ein paar Katzenspielsachen wie Weichbällchen, Fellmaus, Catnipkissen, Rasselspielzeug usw. Bei der Auswahl achte man auf die gleichen Vorsichtsmaßregeln wie für Babyspielsachen. Die Oberflächen müssen auf jeden Fall ungiftig sein und dürfen keine scharfen oder spitzen Kanten aufweisen. Sie dürfen nicht so klein sein, daß sie verschluckt werden können, Teile wie Augen usw. sollen ebenfalls nicht verschluckbar sein. Katzenspielzeug läßt sich auch einfach selbst herstellen: Häkelmäuse aus Wollresten, Bälle aus Stoffresten und Papierknäuel werden sehr gern angenommen.

Eingewöhnung

Den „großen Tag" der Übergabe vereinbart man am besten so, daß man sich für ein paar Tage ganz der Eingewöhnung des Kätzchens widmen kann.

Verständlicherweise wird es in der neuen, noch unbekannten Umgebung zunächst ängstlich nach Mutter und Geschwistern rufen oder womöglich verstört in eine dunkle Ecke kriechen.

Solange das junge Kätzchen Furchtsamkeit zeigt, darf man nicht erwarten, daß es Futter annimmt. Am leichtesten wird der Bann durch behutsame spielerische Annäherung und leises, freundliches Zureden gebrochen. Greint es in der Nacht anhaltend und jammervoll, leidet es an Einsamkeit. Dann ist das Kleine am besten im Bett „seines" Menschen aufgehoben, denn hier vergißt es schnell den Trennungsschmerz.

Um dem Katzenkind die Orientierung in der neuen Umgebung zu erleichtern, sollte man seinen Aufenthaltsradius in den ersten Tagen auf ein Zimmer beschränken. Hier stellt man alle Utensilien überschaubar, aber nicht zu dicht beieinander auf: Schlafnest, Futter, Wasser sowie die Streukiste. Von hier aus kann es später die ganze Wohnung erkunden.

Sobald unser Kätzchen mit fröhlich erhobenem Schwanz quer durchs Zimmer läuft, wissen wir: Nun ist es hier zu Hause! Eine wichtige Zeit beginnt, die rund fünfzehn Jahre des Zusammenlebens prägen wird. Das junge Kätzchen lernt, was erlaubt und was verboten ist, welche Verhaltensweisen erwünscht und welche verpönt sind. Es prägt sich den Tagesrhythmus „seiner Menschenfamilie" ein und richtet seine eigenen Gewohnheiten daran aus.

Ernährung

Verhaltensweisen bei der Nahrungsaufnahme

Unter menschlicher Obhut bekommen Katzen den Großteil ihrer Nahrung zugeteilt. Für uns als Katzenhalter sind daher Kenntnisse über das normale Nahrungsaufnahmeverhalten wichtig. So lassen sich zum einen bei Abweichungen hiervon Störungen oder gar Krankheiten frühzeitig erkennen. Zum anderen ist gerade die Nahrungsaufnahme eine der schönsten und wichtigsten Kommunikationsformen zwischen Besitzer und Katze! Wenn uns die hungrige Katze kurz vor der Fütterung schmeichelnd um die Beine streicht, erkennen wir immer wieder: Der Dosenöffner bildet sozusagen das „missing link“ in der schon Jahrtausende währenden Annäherung zwischen dem Katzengeschlecht und der Menschheit ...

Trotz Domestikation und Rassevielfalt sind die Grundlagen für die Nahrungsaufnahme bei allen Katzen gleich. Als wichtiges mechanisches Hilfsmittel benötigt die Katze hierfür ein hochspezialisiertes Gebiß. Es dient dem Festhalten und Zerkleinern der Beute und besteht aus sechs Schneidezähnen, zwei Eckzähnen und acht Backenzähnen im Oberkiefer sowie einer ähnlichen Ausstattung im Unterkiefer, die nur um zwei Backenzähne vermindert ist. Durch Scherenwirkung der Backenzähne von Ober- und Unterkiefer wird die Nahrung in abschluckbare Brocken zerkleinert. Die Stellung dieser Zähne im Kieferknochen bedingt, daß die Nahrung in stehender oder hockender Körperhaltung zum Zerbeißen weit nach hinten bis in den Mundwinkel genommen wird. Der Kopf neigt sich mit der gerade kauenden Seite bodenwärts. Je härter und zäher ein Brocken, desto fester wird zugebissen, und um so tiefer senkt sich der Kopf. Oft werden die Ohren hierbei angelegt. Während des Fressens wechselt die Kauseite oft. Hat der Brocken die geeignete Größe erreicht, wird er abgeschluckt. Zum eigentlichen Zermahlen der Nahrung ist die Katze nicht imstande.

Frühzeitige Prägung auf ein bestimmtes Nahrungsspektrum

In der Natur werden junge Kätzchen bereits sehr frühzeitig durch die Mutter an die bevorzugten Beutetiere gewöhnt. Bei diesen bleiben sie dann ihr Leben lang. Die unter unserer Obhut heranwachsenden Jungtiere verhalten sich nicht anders. Von einem seit frühester Jugend bevorzugten Nahrungsspektrum, sei dieses nun artgerecht oder nicht, können wir unsere Katze nicht so ohne weiteres abbringen. Manche früh gelernten Unsitten wie Bratenreste mit Kartoffeln und Soße, Leberwurststullen, Kuchen oder Schlagsahne läßt die Katze nie wieder sein! Andersherum frißt sie einige Futtersorten oder Geschmacksvarietäten eben nicht, selbst um den Preis des Hungerns. Dieses Verhalten bedeutet, daß die Katze zwischen verschiedenen Nahrungsmitteln das ihr zusagende heraussucht, wann immer sie die Möglichkeit hierzu hat. Auswahlkriterium hierbei ist jedoch nicht die artgerechte Zusammensetzung der Nahrung, sondern die frühzeitige Gewöhnung. Schleichen sich in der Katzenjugend Fehler durch unsere Unwissenheit oder Inkonsequenz ein, so muß das betroffene Tier möglicherweise viele Jahre hierunter leiden, indem es verfettet oder durch ungeeignete Nahrung in Mangel- oder Überversorgungszustände gerät. Dies verdeutlicht unsere große Verantwortung als Besitzer.

Fütterungsfrequenz und Nahrungsmenge

Eine Katze, die im Haus lebt, hat keinen direkten Einfluß auf ihre Fütterung. Durch Betteln, ruheloses Umherstreichen, Napfumwerfen oder auf andere Weise kann sie uns jedoch sehr nachdrücklich dazu bewegen, Nahrung in ausreichender Menge und zu von ihr gewünschten Zeitpunkten und Häufigkeiten herauszurücken. Entweder erhält sie diese auf mehrere Mahlzeiten pro Tag verteilt, oder das Futter steht ihr zur freien Verfügung (= ad libitum). Hierbei nimmt die Katze über den ganzen Tag mehr oder weniger gleichmäßig verteilt, also auch nachts, sehr oft kleine Mengen zu sich. Noch häufiger hat sie Kontakt zur Nahrung. Sie streicht am Napf vorbei, jedoch ohne etwas zu fressen. Dies rührt offenbar aus einer ererbten Verhaltensweise her. Wildlebende Katzen müssen Futter bei jeder sich bietenden Gelegenheit aufnehmen. So gehen sie auch nicht nur dann auf Beutesuche, wenn sie Hunger haben.

Langfristig fressen die meisten Katzen auch bei Ad-libitum-Fütterung nur soviel, wie sie benötigen, das heißt, sie verfetten nicht. Da sich die Katze bei der Futteraufnahme instinktiv am Volumen und nicht am Energiegehalt der Mahlzeit orientiert, wird aber von energiereicheren Futtermitteln nicht automatisch weniger konsumiert. Somit sollten wir einer Katze, die trotz allem zum Dickwerden neigt, das Futter nicht ad libitum anbieten, sondern in häufigeren, aber sparsamen Rationen zuteilen.

Eine ganz wichtige Rolle bei der Nahrungsaufnahme der Katze spielen Geruchs- und Geschmacksvorlieben. Die Katze bevorzugt tierische Rohmaterialien wie Fleisch, Leber oder Fisch. Beliebte Geschmacksvarianten sind Rind, Geflügel, Wild, Herz, Leber oder Thunfisch. Diese werden daher auch oft in Fertignahrung eingesetzt.

Praktische Empfehlungen

1. Bei nicht normal erscheinendem Futteraufnahmeverhalten müssen wir die Ursachen klären. Hierzu zählen vor allem übermäßiger Speichelfluß, das Fressen ungenießbarer Gegenstände und Verhaltensweisen, die erheblich von den eingangs geschilderten abweichen.
2. Gelegentliches Erbrechen und Grasfressen sind normale Verhaltensweisen. Bei gehäuftem Auftreten von Erbrechen ist es aber ratsam, einen Tierarzt aufzusuchen.
3. Unsere Katze sollten wir bereits von frühester Jugend an auf eine art- und bedarfsgerechte Nahrung prägen. Wir dürfen uns durch sie nicht durch Betteln oder Nahrungsverweigerung erpressen lassen, ihr einseitig zusammengesetzte „Lekkereien" zu gestatten.
4. Eine Ad-libitum-Fütterung ist möglich, sofern die Katze nicht zum Verfetten neigt. Ist dies jedoch der Fall, verteilen wir mehrere sparsame Portionen über den ganzen Tag.
5. Katzen brauchen beim Fressen Ruhe. Auch wildlebende Katzen verzehren ihre Beute nicht am Ort der Jagd, sondern an einem ruhigen Plätzchen.
6. Frisches Wasser müssen wir unserer Katze immer in ausreichender Menge anbieten.

Baustoffe, Energieträger und Wirkstoffe

Unsere Katze benötigt über fünfzig verschiedene Nährstoffe, und zwar Tag für Tag, ein Leben lang. Man kann diese der besseren Übersichtlichkeit halber in Hauptnährstoffgruppen zusammenfassen. Eine wesentliche dieser Gruppen wird von den *Eiweißen* (= Proteine) gebildet. Neben der Muskulatur werden auch wichtige Wirkstoffe wie Hormone und Enzyme durch Eiweiße aufgebaut. Sie stellen darüber hinaus eine bedeutende Energiequelle dar. Allerdings ist die Energieausbeute beim Abbau der Eiweiße nicht besonders hoch. In dieser Hinsicht ist die Nutzung von *Fetten* effizienter. Fette sind die für unsere Katze günstigste Energiequelle. Die Ausbeute bei ihrem biochemischen Abbau ist um fast ein Drittel höher als bei Proteinen. Doch Vorsicht: Wenn wir nicht wollen, daß unsere Katze dick und faul wird, dürfen wir nicht des Guten zuviel tun! Fette sind jedoch nicht nur Energielieferanten. Sie stellen auch wichtige Bausteine für Zellmembranen dar und sind unverzichtbare Bestandteile von bestimmten Hormonen und Vitaminen. Darüber hinaus wird die Katzennahrung durch Fette deutlich schmackhafter.

Kohlenhydrate kommen in großer Menge in Pflanzen vor. Das Verdauungssystem der Katze kann die meisten aber nur in erhitzter Form spalten. Dann stellen einige Kohlenhydrate jedoch gute Energielieferanten dar. Übrigens kann auch Milchzucker (= Laktose) als Kohlenhydrat von erwachsenen Katzen nur ungenügend abgebaut werden. Daher führt die Verfütterung von Kuhmilch nicht selten zu Durchfällen. Weiterhin dienen Kohlenhydrate als Ballaststoffe. In dieser Funktion regen sie die Darmbewegungen an und sind so für die Passage der Nahrung durch den Darm unerläßlich.

Ebenso wichtige, jedoch grundsätzlich andere Aufgaben erfüllen die *Mineralstoffe* und Spurenelemente. Die bekanntesten unter ihnen, Kalzium und Phosphor, bilden die Hauptbestandteile der Knochen. Sie fungieren also als Baustoff. Andere Mineralstoffe werden im Stoffwechsel von Substanzen benötigt, welche Steuerungs- und Regelmechanismen bedienen. So gibt es eine Reihe von Enzymen und Hormonen, die ohne die Anwesenheit bestimmter Mineralstoffe wirkungslos blieben. So wichtige Vorgänge wie Blutgerinnung, Muskelarbeit oder die Reizleitung in den Nerven laufen nur ab, wenn die dazugehörigen Mineralstoffe dem Körper über die Nahrung zugeführt werden.

Schließlich müssen noch die *Vitamine* in der Nahrung sein, von denen es fettlösliche und wasserlösliche gibt. Vitamine haben lebenswichtige Steuerfunktionen, dienen dem Sehvermögen, der Krankheitsabwehr und dem Energiestoffwechsel.

Praktische Empfehlungen

1. Wir brauchen die Rationen nicht selber zu mischen, um alle der über 50 erforderlichen Nährstoffe bereitzustellen! Am sichersten ist die Verfütterung industriell hergestellter Fertignahrung. Hier sind sämtliche Nährstoffe in der richtigen Menge und im optimalen Verhältnis zueinander enthalten.
2. Weder zuviel noch zuwenig Fett wäre von Vorteil! Der empfohlene Fettgehalt in der Ration sollte je nach Bedarfssituation zwischen 10 und 20 % der Futtertrockensubstanz liegen.
3. Kuhmilch für erwachsene Katzen kann heikel werden! Die darin enthaltene Laktose wird nicht selten zu Durchfall führen. Laktosereduzierte Milchgetränke renommierter Katzenfutterproduzenten sind problemlos.

Die besondere Rolle der Eiweiße

Jede Art von Leben ist an Eiweiße gebunden. In der gesamten belebten Natur, in jeder pflanzlichen und tierischen Zelle, kommen Proteine vor. Bei unseren Katzen gibt es nur eine Körpersubstanz überhaupt, die kein Eiweiß enthält: den Zahnschmelz. Alle anderen Gewebe, ob nun Muskeln, Nerven, Haut oder innere Organe, bestehen in irgendeiner Form auch aus Proteinen. Sogar der Knochen enthält nicht nur Mineralstoffe, sondern eben auch Gerüsteiweiß. Der Begriff „Protein" ist eine Sammelbezeichnung. Die Bausteine der Proteine sind Aminosäuren. Insgesamt gibt es davon 22 verschiedene. Diese werden dem Körper mit der Nahrung zugeführt. Hieraus setzt der Stoffwechsel durch unterschiedliche Reihenfolge, Verknüpfungen und Strukturanordnungen alle körpereigenen Eiweiße unserer Katze zusammen. Von den 22 Aminosäuren sind elf für die Katze essentiell. Mangelt es dem Nahrungsprotein auch nur an einer hiervon, ist dessen biologische Wertigkeit beeinträchtigt. Plastisch ausgedrückt: Fehlen dem Maurer die Steine, muß er das Haus unvollendet lassen.

Wissenschaftliche Untersuchungen haben gezeigt, daß es im Aminosäurenstoffwechsel unserer Katze eine wichtige Besonderheit gibt: das Taurin. Während andere Säugetiere Taurin selbst im Körper bilden können, muß die Katze diese Aminosäure mit der Nahrung zugeführt bekommen. Ein Mangel würde zu schweren Augenerkrankungen führen. Da Taurin nur in tierischen Rohmaterialien enthalten ist, können Katzen nicht rein vegetarisch ernährt werden. Eine weitere Besonderheit ist die enorm hohe benötigte Eiweißmenge. Diese ist von allen bislang untersuchten Tierarten bei der Katze am höchsten. So müssen junge, heranwachsende Kätzchen 40 % an leicht verdaulichem, biologisch hochwertigem Protein in der Futtertrockensubstanz (das ist die Nahrung reduziert um ihre natürliche Feuchtigkeit) mit der Ration bekommen. Bei ausgewachsenen Tieren sind es noch mindestens 26 %. Diesen hohen Eiweißbedarf kann Fertignahrung sicher abdecken. Natürliche Feuchtigkeit ist in Dosenfutter etwa genausoviel enthalten wie in Beutetieren: um die 80 % . Die Begründung für den enormen Proteinbedarf lieferten jüngste Forschungsergebnisse: Der Organismus unserer Katze ist darauf eingestellt, ständig hohe Eiweißmengen zu verarbeiten – ein Erbe ihrer wildlebenden Vorfahren. Diese nämlich verputzten mit konstanter Regelmäßigkeit über die Jahrhunderte hinweg durchschnittlich zehn Mäuse pro Tag, und zwar gleichmäßig verteilt über die gesamten vierundzwanzig Stunden.

Praktische Empfehlungen

1. Nahrung für wachsende Kätzchen muß 40 %, für ausgewachsene Katzen etwa 26 % Protein in der Futtertrockensubstanz enthalten.
2. „Futtertrockensubstanz" bedeutet Doseninhalt minus natürliche Feuchtigkeit.
3. In guter Fertignahrung sind genügend Proteine in der Futtertrockensubstanz enthalten.
4. Das Nahrungseiweiß soll gut verdaulich und biologisch hochwertig sein.
5. Die Nahrung muß zu einem großen Teil aus tierischen Rohmaterialien stammen, um den Taurinbedarf zu decken.
6. Industriell hergestellte Katzenfertignahrung erfüllt alle wissenschaftlich begründeten Anforderungen hinsichtlich Proteinqualität und -quantität für eine art- und bedarfsgerechte Ernährung.

Die Fütterung von Katzen in verschiedenen Lebensabschnitten

Um die Ernährungsbedürfnisse unserer Katze zu jeder Zeit optimal zu erfüllen, müssen wir uns verdeutlichen, daß ihr Nährstoffbedarf im Verlauf des Lebens Änderungen unterworfen ist. Abweichungen im Vergleich zum Bedarf erwachsener, normalaktiver Katzen finden wir beispielsweise im Wachstum, während der Trächtigkeit und der Laktation oder im Alter. Generell läßt sich sagen, daß der Erhaltungszustand erwachsener Tiere als eine Periode normaler Bedürfnisse betrachtet werden kann, während die anderen Phasen durch spezielle Veränderungen dieses Grundbedarfes gekennzeichnet sind.

Heranwachsende Kätzchen

Die Wachstumsphase kleiner Katzenkinder ist ein stürmischer und anspruchsvoller Prozeß. Die Organe entwickeln sich rasant, Muskulatur und Knochen werden in erstaunlichem Tempo aufgebaut. Daher ist der Bedarf an Energie und Nährstoffen pro kg Körpergewicht bedeutend höher als bei erwachsenen Tieren. Das mittlere statistische Geburtsgewicht kleiner Kätzchen beträgt 106 g. Wenn wir uns eine durchschnittliche Gewichtszunahme von 100 g pro Woche im ersten Lebensmonat vor Augen halten, wird die enorme Wachstumsleistung deutlich. Während dieser frühen Periode hängen die kleinen Kätzchen vollständig von der Muttermilch ab. Eine zusätzliche Fütterung ist in diesem Stadium nur erforderlich, wenn das Muttertier zu wenig Milch produziert. In diesem Fall muß speziell hergestellter Milchersatz in regelmäßigen Abständen, also auch nachts, gefüttert werden. Milchersatz für menschliche Babys, Kuh- oder Ziegenmilch können die Muttermilch einer Katze nur ungenügend ersetzen, da die Zusammensetzungen stark voneinander abweichen.

Ab der dritten oder vierten Lebenswoche wächst das Interesse der Kätzchen an handfesterer Kost. Um ihnen die Aufnahme zu erleichtern, ist es hilfreich, Feuchtnahrung an-

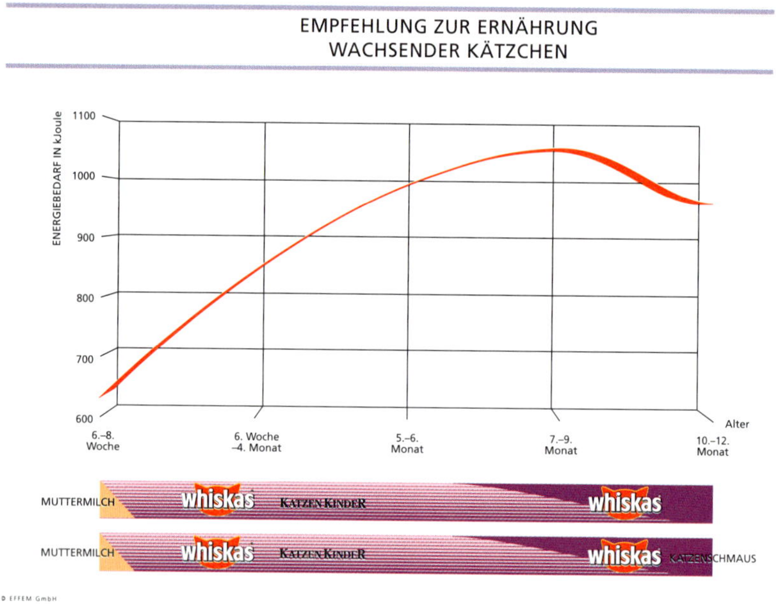

Energiebedarf und Futteraufnahme wachsender Katzen (aus: „Waltham®-Focus“ 2/96)

Alter in Wochen	8	12	18	25	40
mittleres Körpergewicht (in g)	800	1300	2000	2000	3300
Gesamtenergiebedarf (in kJ)	730	1080	1160	1180	1220
Futtermengenbedarf* (in g)	196	291	313	317	330

(* speziell für Katzenwelpen entwickeltes Futter)

fangs mit der Gabel zu zerkleinern und, vermischt mit etwas warmem Wasser, breiig in einer flachen Schale oder Untertasse anzubieten. Am besten verwenden wir speziell für Katzenwelpen entwickelte Fertigprodukte. Hier sind alle Nährstoffe in der richtigen Menge und im optimalen Verhältnis zueinander enthalten. Eine Selbstherstellung von Futter für heranwachsende Kätzchen ist wegen einer möglichen Unter- oder Überversorgung mit lebenswichtigen Nährstoffen sehr kritisch. So ist in Eigenmischungen oft das Mineralstoffverhältnis nicht richtig bilanziert, oder es kommt zu fehlerhaften Vitamindosierungen.

Wissenschaftliche Untersuchungen haben gezeigt, daß wachsende Katzen im Alter von vier Wochen nur etwa 10 g an fester Nahrung pro Tag aufnehmen. Ihr Hauptenergiebedarf wird noch über die Muttermilch gedeckt. Im Alter von acht Wochen steigert sich diese Menge auf fast 200 g täglich, mit zwölf Wochen sind es bis zu 300 g. Katzenkinder haben einen sehr kleinen Magen. Wenn sie beginnen, feste Nahrung aufzunehmen, ist dieser nicht viel größer als ein menschlicher Daumennagel. Deshalb ist es wichtig, genügend häufige Mahlzeiten mit hoher Energiedichte zu verabreichen. Da sich kleine Kätzchen im Gegensatz zu Hundewelpen kaum überfressen, ist es am besten, sie ad libitum zu füttern. Dabei dürfen wir die Ration jedoch nicht zu lange im Napf lassen, damit nichts schlecht wird.

Sind die Jungtiere erst einmal von der Mutter entwöhnt, besteht keine Notwendigkeit, ihnen weiterhin Milch zu geben. Da durch die Entwicklung des Verdauungstraktes die Fähigkeit zur Laktoseverdauung schrittweise abnimmt, könnte dies zu Durchfällen führen. Wenn wir trotzdem nicht auf Milchgaben verzichten wollen, stehen im Handel spezielle laktosereduzierte Milchgetränke für Katzen zur Verfügung.

Praktische Empfehlungen

1. Wegen der Wachstumsvorgänge haben heranwachsende Kätzchen einen deutlich höheren Energie- und Nährstoffbedarf als erwachsene Tiere. Daher müssen wir eine spezielle Nahrung verabreichen.
2. An die Zubereitung selbst hergestellter Futtermischungen für Katzen in der Wachstumsphase sollten wir uns lieber nicht heranwagen. Es kann zu Unter- oder Überdosierungen an lebenswichtigen Nährstoffen kommen. Sicherer und zuverlässiger ist die Verwendung spezieller industriell hergestellter Fertignahrung für Katzenkinder.
3. Bei der Verwendung von speziell für Katzenkinder hergestellten Fertigprodukten können wir auf den Zusatz von Mineralstoff- oder Vitaminpräparaten verzichten. Fertig-

nahrung enthält alle Nährstoffe in der richtigen Menge und im optimalen Verhältnis.

4. Kätzchen haben einen kleinen Magen. Daher sollten wir sie mit mehreren über den ganzen Tag verteilten kleinen Mahlzeiten oder ad libitum füttern.
5. Nach zwölf Monaten können wir auf Nahrung für erwachsene Tiere umstellen. Die intensivsten Wachstumsvorgänge, insbesondere am Skelett, sind nun abgeschlossen.
6. Die Fähigkeit zur Verdauung von Milchzucker geht heranwachsenden Katzen schrittweise verloren. Zur Vermeidung von Durchfall sollten wir deshalb lieber spezielle laktosereduzierte Katzenmilch und immer frisches Wasser zu trinken geben.

Bedürfnisse während der Trächtigkeit und Laktation

Der tägliche Energiebedarf einer ausgewachsenen Katze liegt etwa zwischen 250 und 335 kJ/kg Körpergewicht. Wird unsere Katze ausschließlich in der Wohnung gehalten oder ist sie sehr faul, kann dieser Wert bis auf 170 kJ sinken. Bei weiblichen Katzen steigt nach erfolgreicher Paarung die Futteraufnahme und parallel dazu auch das Körpergewicht beinahe sofort kontinuierlich an, was bei Säugetieren sehr ungewöhnlich ist. Die Gewichtszunahme des Muttertieres während der Trächtigkeit beträgt im Durchschnitt 39 % und variiert natürlich in Abhängigkeit von der Wurfgröße erheblich. Der Energiebedarf erreicht Werte von 370 kJ/kg und darüber. Da sich Katzen selten überfressen, ist eine Ad-libitum-Fütterung in dieser Zeit durchaus angebracht. So ist die werdende Mutter in der Lage, genau die Energiemenge zu sich zu nehmen, die sie benötigt.

Die Laktationsphase stellt die höchsten Anforderungen an eine ausgewogene Ernährung. Das säugende Muttertier muß nicht nur für sich selbst Nährstoffe aufnehmen, sondern über die Milch auch noch ihre schnell wachsenden Babys versorgen. Deshalb sind die Ansprüche an die Energie- und Nährstoffversorgung noch einmal deutlich höher als in der Tragezeit. Dabei beeinflussen die Wurfgröße und auch das Alter des Muttertieres die produzierte Milchmenge. Katzenmilch übertrifft mit ihrer Energiedichte von 4400 kJ/Liter diejenige von Kuhmilch um über 40 %.

Da sie uns etwas anderes sowieso gar nicht erst abnehmen würde, sollten wir unserer säugenden Katze von vornherein eine sehr schmackhafte und gut verdauliche Nahrung mit einem hohen Energiegehalt anbieten. Nur so werden wir auch wirklich allen Nährstoffansprüchen gerecht. Alle diese Anforderungen erfüllt beispielsweise die von der Waltham®-Forschung entwickelte Fertignahrung

Energiebedarf von säugenden Katzen (aus: „Waltham®-Focus" 2/96)

Tägliche Energieaufnahme von Katzen während der Laktation (in kJ/kg Körpergewicht)						
Laktationswoche	**Wurfgröße**					
	1 Welpe	2 Welpen	3 Welpen	4 Welpen	5 Welpen	6 Welpen
1.	248	315	381	447	514	514
2.	273	344	414	485	555	555
3.	298	389	481	572	663	668
4.	323	439	555	671	788	788
5.	348	485	622	759	900	1037
6.	373	564	754	945	1136	1327

für Katzenkinder. Zahlreiche kleine Mahlzeiten oder besser eine Ad-libitum-Fütterung sorgen dafür, daß auch die erforderliche Menge aufgenommen wird. Übrigens ist es am praktischsten, den Katzenkindern dieselbe Nahrung zu füttern. Die Nährstoffansprüche wachsender Tiere sowie säugender Katzen sind sehr ähnlich. Dann können die Babys problemlos aus dem Napf der Mutter fressen und umgekehrt (was sich ohnehin nicht vermeiden läßt). Der Fütterungsvorgang wird dadurch sehr erleichtert. Frisches Wasser zu jeder Zeit ist unumgänglich, da die Milchproduktion auch den Flüssigkeitsbedarf vervielfacht.

Praktische Empfehlungen

1. Trächtigkeit und Laktation stellen höchste Ansprüche an die Versorgung mit Energie und Nährstoffen. Darum sollten wir unserer Katze in dieser Zeit unbedingt eine speziell für säugende Katzen konzipierte Nahrung gönnen.
2. Die Nährstoffansprüche des säugenden Muttertieres gleichen denen von heranwachsenden Kätzchen. Deshalb geben wir praktischerweise beiden dieselbe spezielle Nahrung.
3. Damit das Muttertier die erforderliche Nahrungsmenge auch aufnehmen kann, ist eine Ad-libitum-Fütterung die Methode der Wahl.

4. Frisches Trinkwasser benötigt die Katze jetzt besonders viel.

Unsere Katze in den besten Jahren

Der Alterungsprozeß bei Katzen ist, genau wie bei uns Menschen, unglücklicherweise nicht umkehrbar. Zelluläre und biochemische Veränderungen bewirken einen Aktivitätsverlust von Muskeln und Nerven. Auch die Verdauungsorgane arbeiten nicht mehr so effizient wie ehedem. Wirklich alte Katzen zeigen daher oft einen Verlust an Körpermasse. Es kann aber auch genausogut zu einem Verfetten aufgrund nachlassender Bewegung kommen. Viel wird darüber diskutiert, wann eine Katze „alt" ist. Da sich die Häufigkeit des Auftretens von Krankheiten im Alter erhöht, betrachten Tierärzte Katzen im Alter von über sechs Jahren als Kandidaten von Krankheiten, die mit dem Alterungsprozeß verbunden sind. Solche wirken sich naturgemäß auch auf das Ernährungsregime aus. Dies ist dann mit dem behandelnden Tierarzt sorgfältig auf die besonderen Erfordernisse abzustimmen. Am häufigsten können auftreten:

- **Überproduktion von Schilddrüsenhormonen (Hyperthyreose).** Sie ist oft trotz erhöhten Appetites mit Gewichtsverlust verbunden. Therapiebegleitend ist solchen Katzen mit einem energiereichen, schmackhaften Futter am besten gedient.
- **Zahnstein und parodontale Erkrankungen.** Diese Krankheiten können durch Maulhygiene während des gesamten Lebens positiv beeinflußt werden. Auch die Verabreichung von Trockenfutter beugt am ansonsten gesunden Zahn der Ansammlung von Zahnstein durch natürlichen Abrieb vor. Wenn im Alter ein paar Zähne fehlen, ziehen viele Katzen weicheres Futter vor.
- **Probleme mit der Wasseraufnahmeregulation.** Wegen des geringeren Durstgefühls kann es zu einer Austrocknung kommen. Hier müssen wir ständig sauberes, frisches Wasser anbieten, das eventuell mit einem kleinen Löffelchen Whiskas® attraktiver gemacht werden kann.
- **Chronisches Nierenversagen.** Dann braucht unsere Katze eine Diät mit einem angemessenen Gehalt an Protein hoher biologischer Wertigkeit sowie kontrolliertem Natrium- und Phosphorgehalt.

Das Ziel der Fütterung einer älteren, ansonsten aber gesunden Katze besteht in einer Erhöhung der Lebensqualität. Die Erhaltung eines konstanten Körpergewichtes, also Vermeidung von Fettleibigkeit (Adipositas) wie auch des Gewichtsverlusts, spielt hierbei zweifellos eine wichtige Rolle.

Insbesondere die Adipositas macht das Tier für eine Vielzahl anderer Erkrankungen anfällig.

Katzen werden in ihren Freßgewohnheiten im Alter häufig auch anspruchsvoller. Deswegen sollten wir von eventuell praktizierter Ad-libitum-Fütterung zur Verabreichung häufigerer kleiner, aber regelmäßiger, abwechslungsreicher und schmackhafter Mahlzeiten übergehen. Insgesamt füttern wir älteren, normalgewichtigen Katzen am besten gut verdauliches Futter mit leicht erhöhtem Energiegehalt, dessen Nährstoffausstattung, insbesondere bei Vitaminen, an der Obergrenze der wissenschaftlich empfohlenen Werte liegt. Auch hier sind industriell gefertigte Produkte für die besten Jahre optimal auf die speziellen Bedürfnisse abgestimmt.

Praktische Empfehlungen

1. Erkrankungen treten im Alter häufiger auf. Ist die Katze nicht gesund, sprechen wir ein spezielles Ernährungsregime mit dem Tierarzt ab.
2. Das Körpergewicht älterer Katzen sollten wir konstant halten. Weder eine Verfettung noch eine Gewichtsabnahme sind zuträglich.
3. Die Mahlzeit für ältere normalgewichtige Katzen darf etwas mehr Energie enthalten. Es muß insbesondere hinsichtlich der Vitaminausstattung an der Obergrenze der wissenschaftlich empfohlenen Werte liegen.
4. Im Alter sollten wir von einer Ad-libitum-Fütterung unserer Katze absehen. Besser ist die regelmäßige Verabreichung häufiger, kleinerer Mahlzeiten.
5. Industriell hergestellte Fertignahrung für die besten Jahre erfüllt optimal die besonderen Ansprüche älterer Katzen.

Haltung

Erziehung

Sofort beginnen
Erwachsene Katzen fühlen sich am wohlsten, wenn ihr Leben in gewohnten Bahnen verläuft. Einmal angenommene Verhaltensweisen werden beibehalten. Nach dem Sprichwort „Was Hänschen nicht lernt, lernt Hans nimmermehr" sollte man deshalb mit der Erziehung sofort am ersten Tag beginnen, damit unerwünschte Gewohnheiten gar nicht erst entstehen können.

Lobend üben
Je naturnaher die Rasse, desto großzügiger muß der Halter Eigenheiten seiner Katze akzeptieren. Doch wer seine kleine „Wildkatze" liebt und versteht, der wird sie problemlos erziehen können. Das erfolgreichste Erziehungsprinzip für Katzen lautet: Positives verstärken – Negatives vermeiden! Das gilt in besonderem Maße für die stolze Sibirische Katze, die stets dann „folgt", wenn sie das Erwünschte aus eigenem Entschluß tut.

Ausdrückliche Bewunderung, Lob und kleine Leckerbissen in Verbindung mit „bravem" Verhalten (z. B. Herbeikommen auf Zuruf, Bekratzen des Kratzbaums, Anlegenlassen des Brustgeschirrs) sind der Waldkatze angenehm. Sie wird darum bei Gelegenheit das gleiche wieder tun, um Angenehmes zu erfahren. Damit übt sie das erwünschte Verhalten freiwillig ein.

Zuvorkommen statt verbieten
Verbotenes zu tun, sollte man ihr am besten gar nicht ermöglichen, denn Tadel und Strafen haben wenig Wirkung. Zu Räumen, in denen sie etwas

Hier kommt der Gestiefelte Kater!

„anstellen" könnte, sollte man der Katze unbeaufsichtigt keinen Zutritt gewähren. Dies gilt z. B. für die Küche mit den Gefahren heißer Herdplatten und gefüllter Töpfe. Schaut die Katze in Anwesenheit der Hausfrau verlangend nach den Töpfen auf dem Herd, ist sie auch fast schon auf dem Sprung. Genügt es bei braveren Maine-Coon-Katzen im allgemeinen, rechtzeitig laut und streng „Nein, nein!" zu rufen und sie flink mit Spielzeug oder einem guten Häppchen abzulenken, sind besonders willensstarke Katzenpersönlichkeiten nicht so leicht von ihrem Vorhaben abzubringen. Einige sind erst zufrieden, wenn sie von Frauchens Schulter aus alle Küchenarbeiten verfolgen können. Ist das nicht erwünscht, muß die Katze aus dem Raum verbannt werden.

Im allgemeinen wirkt die einfache Anruf-Ablenk-Methode bei allen entsprechenden Gelegenheiten, z. B. wenn die Katze Vorhänge erklettern, Zimmerpflanzen malträtieren oder den besten Seidensessel bekratzen will. Läßt sie sich nicht sofort beeindrucken, klatscht man in die Hände oder schlägt mit einer Zeitung auf den Tisch. Schlimmstenfalls kann man auch zischen, denn das scharfe Geräusch erinnert an das warnende Fauchen der Katzenmutter bei Gefahr. Sie hält sofort inne, und noch vor der „Tat" kann sie durch Ablenkung vom unerwünschten Tun abgehalten werden, ehe es zu schlechten Gewohnheiten kommt.

Vermeiden sollte man beim scharfen Ansprechen den Rufnamen der sensiblen Waldkatze. Sie könnte den Klang ihres Namens nämlich mit Unangenehmem in Verbindung bringen und beim nächsten Rufen fortbleiben, z. B. aus Angst, „angefaucht" zu werden.

Nicht strafen

Selbst die besterzogene Katze macht, was sie will, sobald sie sich unbeobachtet weiß. Damit muß man sich einfach abfinden. Ganz sinnlos wären Strafen hinterher, z. B. im Anblick einer zerbrochenen Vase. Im Gegensatz zu Menschen ist die Katze nicht imstande, nachträgliche Schelte mit vorausgegangenem Handeln in Beziehung zu setzen. Sie erlebt und memoriert den Zorn des Menschen, der sich gegen sie richtet, ohne zu verstehen, warum er ihr böse ist. Sie wird sich in Zukunft ihm gegenüber unsicherer oder abweisender verhalten, denn sie fürchtet sich.

Schläge oder andere körperliche Züchtigungen sind völlig abzulehnen. Die Katze würde dergleichen als unerklärliche Attacke empfinden und dem Angreifer ihr Vertrauen entziehen, möglicherweise sich sogar mit Krallen und Zähnen zur Wehr setzen! Obwohl junge Katzen wie übermütige Kinder ab und zu ihre Kräfte überschätzen, richten sie kaum je

Schäden an, denn sie bewegen sich geschickt und landen ihre Sprünge präzise. Empfindliche Dinge kann man vorsichtshalber trotzdem während der ersten Lebensmonate der Katze wegstellen.

Konsequenz

Wie bei der Kindererziehung muß man sich von Anfang an darüber im klaren sein, was verboten, was erlaubt, was erwünscht sein soll. Das betrifft alle Gewohnheiten des täglichen Lebens, wenn es z. B. um erlaubte oder verbotene Sitzplätze (Fensterbank oder Eßtisch) geht, um zugängliche oder verbotene Räume, Futterplatz, Kletterbaum, Kratzgelegenheit, Streukiste usw. Wer sich in den ersten Wochen darüber amüsiert, wie geschickt sich das Kleine an den Vorhängen emporhangelt, der braucht sich später nicht zu wundern, wenn es dies trotz Verbots immer wieder tut. Katzen lernen in der Jugend leicht, sich anzupassen, doch einmal Erlaubtes und Gewohntes ist nachher oft nur unter erheblichen Schwierigkeiten abzuerziehen (s. Kap. Kleine Katzenpsychologie).

Sauberkeit

Katzenkinder, die im Hause geboren wurden und als Stubenkatzen aufwachsen, benutzen von klein an die Katzentoilette und sind längst stubenrein, wenn sie das Abgabealter erreichen. Doch wie Menschenkinder bemerken auch junge Waldkätzchen im Eifer des Spiels manchmal erst zu spät, daß „es" eilig ist. Dann darf man nicht schimpfen. So schnell wie möglich, damit es den Zusammenhang begreift, hebt man das Kleine unter freundlichem Zuspruch in sein Kistchen und beseitigt unauffällig das Malheur. Die barbarische Methode, das empfindliche Katzennäschen hineinzustoßen, wäre eine nutzlose Quälerei. Katzen sind von Natur aus reinlich.

Nicht dressieren

Als naturnahe Rassen sind unsere Waldkatzen besonders feinfühlig, merkfähig und zudem viel intelligenter als Hunde, aber kaum eine läßt sich auf Befehl zu einem bestimmten Verhalten veranlassen. Jede Katze kennt ihren Namen, doch nicht jede kommt jederzeit, wenn sie gerufen wird. Viele lernen fast von selbst, an der Leine zu gehen oder sich auf die Hinterbeine aufzurichten, wenn sie bitten. Doch das heißt noch lange nicht, daß sie sich zu allen möglichen Kunststückchen dressieren und nach Belieben vorführen lassen. Laienhafte Dressurversuche an Katzen scheitern günstigstenfalls an Verweigerung. Mit Ausnahme einzelner Katzen begnadeter Tierlehrer reagieren die meisten schnell mit Verhaltensstörungen wie z. B. Verlust der Stubenreinheit.

Auch als Stubenkatzen entwickeln Sibirer im Winter eine reiche Behaarung

Tips zur Haltung in der Wohnung

Freilauf oder Wohnungshaltung?

Die Frage ist stets nur im Einzelfall und abhängig von den jeweiligen Wohnbedingungen zu beantworten. Unzweifelhaft würde jede Katze dieser noch nicht allzu lange an das Stubenleben angepaßten Rassen am liebsten frei durch die Natur streifen. Doch angesichts zunehmender Besiedlungsdichte, expandierenden Straßenverkehrs und damit schwindender Freiräume für Mensch und Tier erübrigt sich meist die Frage, ob eine Katze frei laufen muß, um ein artgemäßes Leben führen zu können.

Das Glück der „großen Freiheit“ wird heute bedroht von vielen Gefahren. Ungeschützt streunende Katzen werden nicht nur überfahren, vergiftet, erschossen oder gestohlen. Bei Begegnungen mit Artgenossen sind sie der Gefahr immer häufiger auftretender ansteckender Krankheiten ausgesetzt. Besonders zu fürchten sind darunter unheilbare, tödlich verlaufende Viruserkrankungen wie Katzenleukose (FeLV), Katzenaids (FIV) und Feline Infektiöse Peritonitis (FIP).
Freilaufenden Katzen bleibt die kurze, weltweit im Durchschnitt nur eineinhalbjährige Lebenserwartung. Gut versorgte Wohnungskatzen werden dagegen zwölf bis fünfzehn, manch-

Das Katzennetz schützt vor Gefahr

mal über zwanzig Jahre alt. Das läßt erkennen, daß Stubenkatzen durchaus ein zufriedenes Dasein führen können.

Zuwendung und Anregung

Als Ersatz für die Abenteuer in freier Natur braucht die vitale, bewegungsfreudige Waldkatze drinnen eine katzengerechte Einrichtung: genügend Platz für kurze Spurts, Zugang in möglichst viele Zimmer, horizontale sowie vertikale Klettergelegenheiten, z. B. ein bis zwei Kratzbäume mit sisalbespanntem Stamm, mehrere Liegeplätze zum Ruhen, Verstecken und Beobachten, einen Ausguck am Fenster, das mit einem Vorsatz aus Draht gegen Absturz gesichert werden kann. Ist ein Balkon vorhanden, braucht man ihn nur mit einem im Fachhandel erhältlichen Katzennetz abzusichern, damit die Katze gefahrlos frische Luft genießen kann. Manche Katzenfreunde zäunen den Garten „katzensicher“ ein mit einem ausreichend hohen, oben nach innen geneigten Drahtzaun oder mit Hilfe eines elektrischen Weidezauns. Das auf diese Weise abgesicherte Stück

Natur genießt die freiluftbegeisterte Waldkatze zu allen Jahreszeiten und bei jedem Wetter. Ein prächtiger Pelz, vitale Gesundheit und friedfertiges Betragen sind Anzeichen ihrer Zufriedenheit.

Katzen, die nicht nach draußen können, schließen sich dem Menschen um so enger an. Sie sind vollständig abhängig. Damit sie geistig, körperlich und seelisch nicht verkümmern, bedürfen sie intensiver Zuwendung, Bewegung und ausreichender Abwechslung. Für Beschäftigung und Spiel gibt es im Fachgeschäft allerlei Katzenspielsachen. Besonders beliebt sind kleine Fellmäuse oder weiche Quietschtiere, die der Stubentiger als Ersatzbeute belauert, fängt, fortschleudert und wieder hascht. Wichtig beim Spiel sind Anregung und Mitspieler. Täglich mindestens ein bis zwei Stunden Spiel- und Schmusezeit braucht eine Wohnungskatze. Leidet sie unter Langeweile oder Einsamkeit, wird sie psychisch krank und entwickelt Verhaltensstörungen wie Unsauberkeit, Aggressivität oder Zerstörungswut.

Gerade für Waldkatzen ist daher die Haltung zweier Katzen empfehlenswert. Doch sollte man sich nicht

Hier oben sind sie sicher!

der Illusion hingeben, die beiden würden einander vollständig zur Unterhaltung genügen. Ganz ohne die Anwesenheit der menschlichen Bezugsperson, der „Oberkatze“, geht es nicht. Wer viel von zu Hause fort ist, sollte entweder in der Lage sein, seine Katze(n) mitzunehmen oder besser, von vornherein auf die Adoption einer Katze verzichten.

Gefahren in Haus und Garten

Katzen sind in manchen Dingen wie kleine Kinder, vor allem junge Waldkätzchen. Neugier und Spieltrieb sind stärker als die Vorsicht. Deshalb muß man alles, was nicht in Kinderhand gehört, zur Sicherheit auch vor dem Zugriff der Kätzchen verwahren. Dazu gehören Medikamente, Chemikalien, Farben, Reinigungsmittel, Genußmittel ebenso wie scharfe, spitze, kleine sowie verschluckbare Gegenstände und Pastiktüten, Schnüre, Stanniolpapier.

Erreichbare Steckdosen sind vorsichtshalber mit Schutzsteckern zu sichern, und Kabel verlegt man am besten unauffällig unter dem Teppich, denn junge Katzen kauen gerne daran und bringen sich damit in Gefahr. Offene Flammen, heiße Herdplatten und Kochtöpfe sollten für Katzen ebenso tabu sein wie Waschmaschine und Trockner, denn schnell ist ein Unglück passiert.

Eine potentielle Todesfalle ist das Kippfenster. Eine Katze, die hinein rutscht, bleibt darin stecken und kann sich aus eigener Kraft nicht daraus befreien. Kippfenster sichert man durch Netze, erhältlich im Fachhandel, oder einfach durch festsitzende Sturmhaken, die die Öffnung so schmal halten, daß die Katze nicht hineinschlüpfen kann.

Katzen knabbern hin und wieder Gras. Sie brauchen es zur Reinigung des Magens und wahrscheinlich auch zur Ergänzung der Vitaminversorgung. Anstelle von Katzengras aus dem Fachgeschäft kann man Getreide im Blumentopf ziehen, Zyperngras anbieten oder etwas vom ungedüngten und ungespritzten Rasen eintopfen. Manche Waldkatzen mögen auch anderes Grünzeug. Aber man kann sich nicht darauf verlassen, daß der Instinkt ihnen sagt, was bekömmlich ist und was nicht. Gerade Wohnungskatzen vergreifen sich schnell an giftigen Topfpflanzen, z. B. weil sie damit spielen wollen. Deshalb sollten Katzenfreunde ihren Bestand an Zimmer- und Balkonpflanzen sichten und alle giftigen Exemplare verschenken. Gefährlich sind u. a. Dieffenbachie, Oleander, Geranie, Weihnachtsstern, Farnkraut, Alpenveilchen, Calla, Engelstrompete. Von giftigen und chemisch behandelten oder gefärbten Schnittblumen wird das Wasser in der Vase unbekömmlich.

Auch Düngerwasser ist für Katzen schädlich. Wer sich über die Gefährlichkeit seiner Pflanzen nicht klar

Ein kuscheliges Plätzchen

ist, fragt am besten seinen Apotheker.

Im Garten stellen Kunstdünger und Pflanzenschutzmittel eine nicht zu unterschätzende Gefahr dar, weil die an Haarkleid und Pfoten haftenden giftigen Partikel beim Putzen von der Katze in den Verdauungstrakt aufgenommen werden. Auf keinen Fall darf man Giftköder gegen Ratten oder Mäuse auslegen. Katzen können daran sterben.

Die Katze im Urlaub

Die „schönste Zeit im Jahr" kann zum Problem für die Katze werden, wenn nicht rechtzeitig überlegt wurde, wie sie versorgt werden soll. Bei der Entscheidung, wo und durch wen sie während des Urlaubs gepflegt werden soll, muß man neben personellen, organisatorischen und finanziellen Erwägungen das Wohl der Katze in den Vordergrund stellen. Daß Katzen ihr Haus mehr lieben als die Menschen, trifft nicht zu. Jede Katze bemerkt die Abwesenheit ihrer menschlichen Familie. Sie reagiert mit Verunsicherung und Trauer, auch wenn sie regelmäßig von netten Nachbarn mit Trinkwasser und Nahrung versorgt wird. Sehr sensible Katzen verweigern sogar die Nahrung und werden krank.

Sibirische Katze im silber-blau gestromten Jugendkleid

Deshalb ist es immer die beste Lösung, seine Waldkatze mit in den Urlaub zu nehmen. Das ist kein Problem, wenn sie in der Jugend lernt, furchtlos im Auto mitzufahren, Brustgeschirr mit Leine zu tragen und sich in fremden Räumen zurechtzufinden. Wenn Eßnäpfchen, Schlafdecke, Streukiste, Spielsachen und am besten auch ein kleiner Kratzbaum mitreisen, lebt sie sich überall schnell ein. Vor Flugreisen muß man bei der Buchung die Katze anmelden, damit sie in der Kabine bleiben darf. Bei Auslandsreisen sind bestimmte Impfungen gefordert, über die jeweils aktuellen Informationen verfügen der Tierarzt und das Veterinäramt.

Die zweitbeste Lösung ist die Betreuung in der Wohnung durch eine der Katze vertraute Person, die solange bei der Katze wohnt. So hat sie wenigstens ihre äußere Ordnung.

Erst wenn das nicht möglich ist, sollte man daran denken, die Katze andernorts unterzubringen oder die Hilfe eines Catsitter-Clubs in Anspruch zu nehmen. Freunde, die die Katze kennt, eine Wohnung, in der sie sich bereits aufhielt, sind einer ganz fremden Unterbringung vorzuziehen.

Entscheidet man sich für eine Katzenpension, so vergewissere man sich gründlich, ob sie hygienisch unbedenklich ist. Wo viele Tiere zusammenkommen, werden leicht Krankheiten weitergegeben. Liebevoller Umgang und ausgezeichnete Katzenerfahrung sollten selbstverständlich sein. Um die Auswahl einer zuverlässigen Adresse muß man sich schon Monate im voraus bemühen. Dabei lasse man sich anstelle vielversprechender Werbung besser von Empfehlungen durch Katzenfreunde leiten. Läßt sich keine wirklich gute Unterbringung finden, sollte man seiner Katze zuliebe zu Hause bleiben!

Umzug mit der Waldkatze

Für Familienkatzen ist es selbstverständlich, daß sie bei der Übersiedlung in ein neues Heim mitkommen. Mit ihrem feinen Gespür für alles, was um sie herum vor sich geht, wird die Waldkatze schon vor Beginn des Möbelpackens unruhig ahnen, daß Aufregendes bevorsteht. Sicherheitshalber schließt man die Katze mit ihren Sachen in einem vertrauten Raum ein, damit sie nicht in Panik flieht oder die Möbelpacker attackiert. Wenn in der neuen Wohnung ein Zimmer so hergerichtet ist, daß die Katze die ersten Tage darin verbringen kann, holt man sie ab. Die Eingewöhnung verläuft nach oben beschriebenem Muster (s. Abschn. Adoption).

Der weiße Brustlatz kennzeichnet sie als Haustier

Pflege, Gesundheit, Alter

Körperpflege

Die Pflege ihres prächtigen Pelzes erledigt die Halblanghaarkatze fast ohne Hilfe. Mit ihrer rauhen Zunge wäscht, glättet und ordnet sie ihr Haar in ausgedehnten und sichtlich genußvollen Putzstunden, am liebsten nach dem Essen an einem gemütlichen Plätzchen in der Sonne. Keine Stelle des Körpers läßt sie dabei aus. Hinter den Ohren wäscht sie sich mit den angefeuchteten Pfötchen. Den langen, buschigen Schwanz holt sie zum Belecken mit den Pfoten heran, die großen spitzen Krallen werden mit den feinen Schneidezähnen säuberlich beknabbert.

Was uns zu tun bleibt, ist nicht allzu viel. Wöchentlich einmal kontrollieren wir das Ohrinnere. Hat sich Ohrenschmalz abgelagert, wird es vorsichtig mit einem über die Fingerkuppe gelegten Papiertuch abgewischt.

Kamm und Bürste gebraucht man selten. Im allgemeinen genügt Streicheln, um die wenigen toten Haare abzunehmen. Nur während des alljährlichen großen Fellwechsels in den Hochsommerwochen ist es ratsam, täglich mit einer weichen Naturhaarbürste zu striegeln und mit einem weitzinkigen Metallkamm etwaige Verfilzungen in der Flankengegend vorsichtig herauszunehmen. Trotz unserer Mithilfe bei der Fellpflege wird sie zeitweilig größere Mengen toter Haare beim Putzen verschlucken und anschließend als „Gewölle“ wieder auswürgen. Das ist zwar ein normaler Vorgang, kann aber mit Kämmen und Bürsten eingeschränkt werden. Liebevolles Bürsten empfinden die meisten Katzen als Wohltat. Außerdem werden weniger Haare auf den Polstermöbeln hängen bleiben. Durch reichliche Gaben geeigneter Vitaminpräparate (z. B. Multivitaminpaste für Katzen oder Milchhefeflocken) wird der Fellwechsel beschleunigt.

Gebadet werden Waldkatzen normalerweise nicht. Nur bei extremer Verschmutzung oder aus medizinischen Gründen kann ein Bad notwendig sein. Dann darf nur ein ausdrücklich für Katzen zugelassenes Shampoo verwendet werden. In manchen für Hunde oder Menschen geeigneten Produkten sind für Katzen lebensgefährlich giftige Bestandteile enthalten, die über die Haut in den Körper gelangen. Bei begrenzten schmutzigen Verklebungen (Teer, Harz) ist es schonender, das verunrei-

Im ersten Winter entwickelt sich der Kragen

nigte Haar behutsam abzuschneiden. Es wächst in ein paar Wochen wieder nach.

Stellt man schwärzliche „Schmutzkrümel" fest, ist die Katze wahrscheinlich nicht schmutzig, sondern sie hat Flöhe! Die Krümelchen sind Flohkot. Da Katzenflöhe auch andere Tiere, ja sogar Menschen, als Wirt nicht verschmähen, kann es selbst vorkommen, daß eine wohlgepflegte Stubenkatze von Flöhen geplagt wird, nachdem ihr diese „mitgebracht" worden sind.

Aber Flohbefall ist kein Grund zur Panik. Bei systematischer Bekämpfung darf man allerdings nicht nur die Katze selbst behandeln. Man muß ausnahmslos alle vorhandenen Haustiere und den gesamten Wohnbereich in die Flohbekämpfung einbeziehen. Dazu gibt es unterschiedliche, auch langzeitig wirkende Produkte (Puder, Spray, Spezialbad, Tropfen, orale Mittel) beim Tierarzt, in der Apotheke oder im Fachgeschäft. Vorsicht: Mehrfachanwendung kann durch Überdosierung zu schweren Vergiftungen führen! Nach Abschluß der Flohbehandlung empfiehlt sich vorsorglich eine Bandwurmkur, z. B. mit einer Tablette, denn der Katzenfloh kann als Zwischenwirt Bandwürmer übertragen.

Zur Ausstellungsvorbereitung ist eine gute Kondition, d. h. Gesundheits- und Allgemeinzustand am wichtigsten für gutes Aussehen. Natürlich muß die Waldkatze vollkommen sauber vorgestellt werden. Wenn sie gebadet werden muß, sollte das wenigstens eine Woche vor dem Ausstellungstermin geschehen, damit Haut und Haar sich wieder genügend aufbauen können. Wichtig ist die Auswahl eines gut rückfettenden Shampoos, damit das Haar nicht zu leicht und trocken wird. Manche Aussteller von Norwegischen Waldkatzen ziehen ein Trockenbad mit Puder dem Naßbad vor, um die typische „ölige" Haarbeschaffenheit nicht zu zerstören.

Unkastrierte Kater leiden teilweise an sogenanntem „Fettschwanz". Talgdrüsen an der Oberseite ihres Schwanzes sondern eine klebrige Masse ab, die Staub an sich bindet

Als Kastrat stets bestens in Form: „Freddy", NW in warmen Brauntönen gestromt mit weiß

und nicht nur ein ästhetisches Probleme darstellt, sondern bei starker Ausprägung leicht zu Hautentzündungen führen kann. Dem kann man mit einem bewährten Hausmittel abhelfen: Kartoffelstärke abends reichlich einmassieren, morgens gründlich ausbürsten. Das wirkt entfettend und nimmt den Schmutz. Die Prozedur muß regelmäßig wöchentlich, vor Ausstellungen eventuell öfter durchgeführt werden.

Probleme der Reifezeit

Im Durchschnitt setzt die Geschlechtsreife um den zehnten Monat ein, im Einzelfall auch früher oder später. Manche im Spätsommer geborenen Kätzinnen erleben ihre erste Rolligkeit schon vor Vollendung des siebenten Lebensmonats, einige Kater sind in diesem Alter schon zeugungsfähig.

Keinem Halter wird verborgen bleiben, wann es soweit ist. Die Kätzin schreit markerschütternd, kriecht und windet sich auf dem Boden, weshalb ihr Zustand als „Rolligkeit“ bezeichnet wird. Mit allen Mitteln versucht sie, aus der Wohnung zu entkommen. Gelingt ihr das nicht, kann es sein, daß sie Sitzmöbel und andere Gegenstände mit ihrem Urin markiert. Mit diesem instinktgesteuerten Verhalten, das man ihr weder verbieten noch abgewöhnen kann, will sie Kater anlocken. Die Rolligkeit dauert zwischen 3 und 10 Tage an und wiederholt sich nach nicht erfolgter Paarung nach 2–6 Wochen in immer kürzeren Abständen bis hin zur Dauerrolligkeit.

Der Kater beginnt beim Erwachsenwerden zunächst „Katerlieder“ zu singen. Er ißt weniger, magert ab, zeigt Unruhe und Gereiztheit. Schließlich beginnt er, die Wohnung mit Urin zu besprühen, um sein Territorium zu markieren. Auch dieses Verhalten ist erzieherisch nicht zu beeinflussen. Der typische Katergeruch ist für Menschennasen ziemlich unerträglich. Unkastrierte Katzen beiderlei Geschlechts stellen also in einer gepflegten Wohnung auf die Dauer ein großes Problem dar. Für die Katzen selbst ist der Zustand so belastend, daß Verhaltensstörungen und Krankheiten drohen, wenn man nichts dagegen unternimmt. Abhilfe schafft die Kastration.

Unfruchtbarmachung

Die sicherste, einfachste, für Mensch und Tier vorteilhafteste Methode ist bei beiden Geschlechtern die Kastration, d. h. operative Entfernung der Eierstöcke bzw. der Keimdrüsen. Während Tierärzte und Tierschutzorganisationen in den USA für Frühkastration, d. h. Unfruchtbarmachung vor der Adoption im jugendlichen Alter, plädieren, führen Veterinäre hierzulande die Kastration erst im

Alter von 7–11 Monaten durch. Der Routineeingriff wird ambulant und unter Narkose ausgeführt. Vorsicht: Die sonst so robusten Sibirer und Norwegischen Waldkatzen neigen zu Problemen mit der Anästhesie. Vorsichtshalber sollte der Tierarzt darauf aufmerksam gemacht werden, damit er für eventuelle Zwischenfälle gerüstet ist. In der Regel verläuft dann alles komplikationslos, so daß meistens nur ein einziger Gang zur Tierarztpraxis nötig ist. Trotz eindeutiger Vorteile, die die kleine Operation für das Zusammenleben von Mensch und Katze mit sich bringt, sind noch Vorurteile abzubauen. Die Behauptung, Kätzinnen müßten mindestens einmal Junge gehabt haben, ist ebenso unhaltbar wie der Einwand, Katern würde durch Kastration die Lebensfreude genommen. Die Befürchtung, Kastraten würden fett und faul, trifft nicht zu. Tatsächlich tritt durch die Befreiung vom Streß des hormonellen Zyklus eine Verkindlichung ein. Kater und Katze zeigen wieder mehr Spaß am Spielen. Sie wenden sich noch mehr dem Menschen zu, werden zärtlicher, ausgeglichener, anhänglicher. Die Gesundheit ist im allgemeinen stabiler als bei unkastrierten Katzen.

Die Kastration weiblicher Katzen schaltet jegliches Sexualverhalten aus. Männliche Kastraten produzieren noch geringe Mengen männlicher und weiblicher Hormone. Sie „wissen“ also noch, daß sie Kater sind, vermindern jedoch ihr sexuell gesteuertes Verhalten so drastisch, daß sie normalerweise innerhalb weniger Tage wieder zu angenehmen Hausgenossen werden.

Kastraten leben auf Dauer ruhiger und zufriedener als unkastrierte Katzen. Da sie nicht den Strapazen von Werbung, Paarung oder Jungtieraufzucht unterworfen sind, befinden sie sich auch äußerlich in besserer Verfassung. Im allgemeinen werden Kastraten älter, weil sie sich physisch weniger verausgaben und seltener Ansteckungsgefahren ausgesetzt sind.

Gesundheitsvorsorge

Bezüglich der Vorsorge genügt es bei Wohnungskatzen normalerweise, sie anläßlich der jährlichen Wiederholungsimpfung gegen Katzenschnupfen, Katzenseuche und Chlamydia vom Tierarzt gründlich untersuchen zu lassen. Das gehört sowieso zum Service vor der Impfung. Der Tierarzt wird die Katze abhören und abtasten, Augen, Ohren und Mäulchen inspizieren und im Zweifelsfall die Temperatur messen. Sie beträgt bei Katzen 38,5 °C (rektal).

Es gibt einzelne Waldkatzen, die schon mit ein oder zwei Jahren an Zahnstein leiden, was normalerweise erst bei älteren Katzen der Fall ist. Diese Beläge muß der Tierarzt von Zeit zu Zeit entfernen, damit es nicht zu schmerzhaften Zahnfleischentzündungen kommt. Obwohl eine regelmäßig geimpfte, gut gepflegte, gesunde Katze nicht besonders anfällig für ansteckende Krankheiten ist, sollte man Kontakte mit Streunern oder fremden Katzen, deren Gesundheit nicht zweifelsfrei ist, unter allen Umständen vermeiden. Bösartige Virusinfektionen, deren Erreger von gesund erscheinenden Trägerkatzen ausgeschieden werden, können auch der gesündesten Waldkatze zum Verhängnis werden. Schon das gemeinsame Benutzen einer Futterschüssel ist gefährlich.

Katzen, die nach draußen kommen, müssen regelmäßig gegen Tollwut geimpft werden. Tierärzte halten auch Vakzine gegen Feline Infektiöse Peritonitis (FIP) und Katzenleukose (FeLV) bereit. Man sollte sich aber stets darüber klar sein, daß keine Impfung hundertprozentigen Schutz garantieren kann. Alle drei Monate muß die Freigängerin einer Wurmkur unterzogen werden, auch gegen Bandwürmer, die sie sich u. a. durch den Verzehr von Mäusen zuzieht.

Wenn sie den Tierarzt braucht

Nicht immer liegt eine Infektionskrankheit vor, wenn die Waldkatze durch verändertes Verhalten oder Aussehen auffällt. Katzen können, ebenso wie Menschen, organische Leiden entwickeln, vermehrt in fortgeschrittenem Alter. Da Katzen grundsätzlich dazu neigen, Schmerzen „für sich zu behalten“, d. h. sie ruhig zu ertragen, erkennt der Halter oft erst relativ spät, wenn etwas mit seiner vierbeinigen Freundin nicht stimmt. Er sollte beim geringsten Verdacht nicht zögern, seine Waldkatze unverzüglich einem Tierarzt vorzustellen.

Warnende Anzeichen für eine Erkrankung sind u. a. vermehrte, verminderte oder zögerliche Futteraufnahme, gesteigerter Durst, vermehrtes Aufsuchen der Katzentoilette, Verlust der Stubenreinheit, farbliche Veränderung der Ausscheidungen, zu weicher oder zu harter Kot, ständiges Erbrechen, stundenlanges Hocken an einer Stelle, vermehrte Unruhe oder Apathie, hektisches Belecken einer Körperstelle, Schiefhaltung des Kopfes, Koordinationsstörungen, Veränderung des Gesichtsausdrucks, Speicheln, Niesen, Husten, Absonderungen aus Augen oder Nase, vorgezogene Nickhaut („drittes Augenlid“), sichtbar angestrengte Atmung, struppiges Fell, stellenweiser Haarausfall, unerklärliche Angst oder Aggressivität, Lichtscheu.

Jeder Unfall, Sturz aus großer Höhe, Hundebiß oder sonstige Gewalteinwirkung erfordert schnellste ärztliche Hilfe, auch wenn äußerlich nichts erkennbar ist. Schockzustand, innere Blutungen oder Zerreißungen können, zu spät bemerkt, unwiderruflich zum Tod führen. Dasselbe gilt bei Verdacht auf Vergiftung. Für den Notfall sollte man stets die Telefonnummer seines Tierarztes und einer Vertretung griffbereit haben. Nach dem Anruf wird man, ohne warten zu müssen, sofort vorgelassen.

Nach dem Tierarztbesuch bringe man die Patientin an ihrem Lieblingsplätzchen warm, zugfrei und ungestört unter. „Seelischer Beistand" ist wichtig, die geschwächte Katze braucht den Zuspruch ihrer Bezugsperson. Einem stationären Klinikaufenthalt sollte man nur bei unumgänglicher Notwendigkeit zustimmen, denn Waldkatzen sind besonders auf „ihren" Menschen geprägt. Sie geben sich leicht auf, wenn sie sich verlassen fühlen.

Zwangsernährung und Tabletteneingabe

Katzen, die große Schmerzen haben oder sich sehr krank fühlen, verweigern die Nahrung. Einen Tag lang ist das unbedenklich. Dauert der Zustand länger an, muß man eingreifen. Zwar trinken Katzen normalerweise verhältnismäßig wenig, da sie wenig schwitzen. Wenn eine Katze aber weder ißt noch trinkt, trocknet ihr kleiner Körper verhältnismäßig schnell aus. Wenn man ihr nichts einflößt, droht ein Kreislaufkollaps. Zum Trinken gibt man Wasser, nur nach Rücksprache mit dem Arzt mit Traubenzucker oder anderen Zusätzen versetzt, falls sie es annimmt. Wenn nicht Diät verordnet ist, reicht man in Absprache mit dem Tierarzt weiche, gehaltvolle Nahrung wie z. B. Sahnequark, Schabefleisch vom Rind mit eingerührtem Eigelb oder ihre Lieblingsspeise. Die vielgepriesenen Ölsardinen sind nicht jeder Katze Geschmack und auch nicht bekömmlich. Bei Magen-Darm-Störungen kann Boviserin (Rinderserum) die Lebensgeister erhalten. Beim Tierarzt gibt es auch ein nahrhaftes Pastenkonzentrat, das viele Katzen gerne aufnehmen. Falls die Katze freiwillig nichts ißt, kann man sie mit einem Plastiklöffel oder mit dem Finger füttern. Flüssige Nahrung oder Wasser gibt man in kleinen Portionen mittels Einwegspritze (ohne Nadel) seitlich ins Mäulchen. Dabei hält man das Köpfchen von der anderen Seite.

Tabletten einzugeben ist leicht, wenn es schnell geht. Am besten klappt es mit von außen gesüßten oder geschmacklosen Dragees bzw. leicht angefeuchteten Kapseln. Mit der einen Hand öffnet man von hinten ihren Mund, mit der anderen plaziert man die Pille blitzschnell ganz hinten auf die Zungenwurzel. Jetzt Mäulchen zu, Schnäuzchen etwas anheben und die Kehle kraulen, bis sie geschluckt hat! Zur Belohnung bekommt sie einen Leckerbissen, wird gestreichelt und gelobt. Vor der Ein-

Norwegische Waldkatze im Alter von 9 Jahren

gabe einer Tablette empfiehlt sich eine Geschmacksprobe: Ist sie bitter, muß man sie „verstecken“ (Vitaminpaste, Butter). Bemerkt nämlich die Katze den unangenehmen Geschmack auch nur einziges Mal, wird sie so leicht keine Pillen mehr nehmen.

Wie alt ist meine Waldkatze?

Dank der Fortschritte der Veterinärmedizin und besserer Katzenhaltung liegt heute die Lebenserwartung behüteter Familienkatzen bei rund fünfzehn und mehr Jahren. Die Alterung verläuft nicht gleichmäßig linear, sondern dynamisch in Schüben. Die kindliche Entwicklung vollzieht sich rasch.

Bei der Geburt noch zahnlos, taub und blind, beginnen kleine Waldkatzenbabys ab zwei Wochen mit den Geschwisterchen zu spielen. Mit vier Wochen streben sie aus dem Nest, nehmen erstmals feste Nahrung auf und benutzen die Katzentoilette. Mit sechs Wochen können sie klettern. Mit sieben Monaten ist der Zahnwechsel abgeschlossen, die ersten Jungkatzen sind in der Pubertät. Mit eineinhalb bis zwei Jahren ist die Waldkatze erwachsen, doch hat sie erst mit drei bis vier Jahren ihre volle Statur erreicht.

Die „besten Jahre“ dauern unterschiedlich lang. Ähnlich wie bei Menschen beginnt bei jeder Waldkatze das Altwerden individuell zu verschiedenen Zeitpunkten. Dabei spielen Veranlagung und Lebensumstände eine Rolle (s. Kap. Veränderungen im Alter). Die früher übliche Umrechnung „1 Katzenjahr = 7 Menschenjahre“ ist überholt. Als Kindheit und Jugend zählen die ersten beiden Lebensjahre. Von da an multipliziert man jedes Jahr mit 4.

An folgender Tabelle läßt sich das Entwicklungsalter der Katze ablesen:

Katzenjahre	Menschenjahre
0,25	06
0,5	10
0,75	14
01	16
02	21
03	25
04	29
05	33
06	37
07	41
08	45
09	46
10	51
11	55
12	59
13	63
14	67
15	70

Mit einem Jahr entsprechen junge Norweger menschlichen Teenagern von knapp 20

Veränderungen im Alter

Die individuell unterschiedlich verlaufende Alterung beruht auf mehreren Faktoren. Einige hängen unmittelbar mit der Haltung zusammen. Katzen altern schneller, wenn sie zu dick sind, wahllos und unüberlegt ernährt werden, zu fettreiche Kost bekommen, im Freien leben oder nicht kastriert sind. Angemessen ernährte kastrierte Wohnungskatzen altern später und bleiben länger fit.

Zwar werden Katzen erst ab 10 Jahre als „geriatrisch" bezeichnet, doch können sie bereits vom vollendeten 6. Lebensjahr an typische Altersbeschwerden bekommen. Alte Katzen sind besonders anfällig für Nierenerkrankungen, Tumoren und Schilddrüsenüberfunktion. Das hängt mit den normalen altersbedingten Veränderungen der Körperfunktionen zusammen. Dazu zählt das Nachlassen des Immunschutzes, eine verringerte Leistungsfähigkeit des Herzes und der Lunge sowie Rückbildungen, Wucherungen und Gefäßveränderungen am endokrinen System (Drüsen) und ein Rückgang der organischen

Regenerationsfähigkeit, woraus u. a. Nierenversagen resultieren kann. Weitere typische Alterskrankheiten sind Diabetes mellitus, endokrine Insuffizienz der Bauchspeicheldrüse, Magen- und Darmerkrankungen, Zahn- und Zahnfleischerkrankungen. Neben den o. g. Anzeichen (s. Kap. Wann braucht sie den Tierarzt) achte man bei seiner älteren Waldkatze besonders auf eventuelle Gewichtsabnahme. Sie kann Anzeichen für eine krankhafte Veränderung sein. Nach rechtzeitiger Diagnose ist oft auch im Alter noch Heilung möglich. Deshalb sollte die Waldkatze vom zehnten Lebensjahr an vorsorglich zweimal jährlich vom Tierarzt gründlich untersucht werden. Bei guter Pflege können Maine Coon, Sibirische und Norwegische Waldkatzen bis ins hohe Alter kerngesund bleiben.

Schön, stolz und eigensinnig: In Rußland geborene Sibirische Katze, 10 Jahre alt

Pflege im Alter

Bekommt die schnurrende Seniorin ihre ersten weißen Barthaare, wird sie allgemein ruhebedürftiger. Sie schläft länger und tiefer, bewegt sich weniger und möchte nicht mehr so viel spielen. Wird sie etwas steif in den Gelenken (Arthritis), baut man ihr einen bequemen Weg zu ihren bevorzugten Ruheplätzen, indem man einen Stuhl, eine Fußbank oder ein Polster so plaziert, daß sie nicht allzu hoch oder weit springen muß. Ihre Nahrung sollte leicht bekömmlich sein. Drei bis vier kleine Mahlzeiten über den Tag verteilt sind schonender als alles auf einmal. Adäquate Nahrung für Katzensenioren wird als Fertigfutter im Fachhandel angeboten.

Hat die Katze schon viele Zähne verloren, muß man nicht nur die Nahrung pürieren, sondern auch bei der Körperpflege helfen. Sie kann sich nicht mehr die Krallen beknabbern. Da sie zudem weniger klettert und kratzt, werden die Krallen überlang und können in die Fußballen einwachsen, wenn man sie ihr nicht kürzt. Dazu verwendet man eine Krallenschere. Wer sich nicht traut, bittet den Tierarzt um Erledigung dieser kleinen Arbeit. Wegen geringerer Flexibilität der Extremitäten können sehr alte Katzen sich nicht mehr genügend putzen. Deshalb greift man helfend mit Kamm und Bürste ein. Eventuell säubert man täglich Augenwinkel und Ohren mit einem Papiertuch.

Wenn immer öfter bei der Benutzung der Katzentoilette etwas über den Rand geht, so ist das keine Absicht. Alte Katzen können sich nicht mehr so gut krümmen und lösen sich dann fast im Stehen. In diesem Fall ist ein Kistchen mit höherem Rand anzuraten, wenn es an einer Seite einen niedrig geschnittenen „Eingang" hat. Ist der Rand zu hoch und der Einstieg zu beschwerlich, kann es passieren, daß das Geschäftchen außerhalb erledigt wird.

Je älter eine Waldkatze wird, desto lieber und anhänglicher wird sie. Viele gemeinsam verbrachte Jahre lassen ein inniges gegenseitiges Verständnis wachsen. Doch eines Tages wird für die samtpfötige Freundin die Lebensuhr abgelaufen sein, und sie schläft für immer ein. Leider ist nicht jedem Lebewesen ein sanftes Ende vergönnt. Manche Katze bekommt, ebenso wie Menschen, eine unheilbare Alterskrankheit. Dann wird man ihr, solange sie Lebensfreude zeigt, helfend beistehen. Wenn sie aber Schmerzen leidet und wirklich keine Heilung zu erwarten ist, sollte man ihr den letzten Dienst erweisen. Der Tierarzt kann sie schmerzlos einschlafen lassen.

Waldkatzen und Kinder

Wenn ein Baby kommt

Es ist keineswegs ungewöhnlich, wenn jemand seine Katze liebevoll wie ein Kind umsorgt und verwöhnt. Kündigt sich dann aber eines Tages ein „richtiges“ Menschenkind an, kann die Situation problematisch werden. Manche werdenden Eltern fürchten um die Sicherheit ihres Babys. Einige Kinderärzte raten sogar zur Abschaffung der Katze. Beides ist unnötig, wenn hygienische und organisatorische Maßnahmen getroffen werden. Unvermeidlich aber wird die Katze als bisher alleiniger Mittelpunkt zu Hause einem neuen Wesen etwas Platz im Herzen „ihrer“ Menschen einräumen müssen. Das braucht nicht zu Konflikten zu führen, wenn man die sensible Waldkatze einfühlsam auf das neue Familienmitglied vorbereitet.

Das Kinderzimmer wird eingerichtet. Soll es nach Babys Ankunft tabu sein? Sie lernt das bereitwilliger, solange der kleine „Konkurrent“ noch nicht da ist. Gehen Sie schon jetzt ab und zu gleich frühmorgens allein hinein, bleiben Sie eine Weile drin und streicheln Sie die Katze erst ausgiebig, wenn Sie wieder herauskommen. So lernt sie, brav abzuwarten, bis sie an der Reihe ist. Der natürlichen Neugier der Waldkatze kommen Sie mit der Installierung einer Gittertür (Fliegenfenster o. ä.) entgegen. So kann sie alles sehen und – sehr wichtig – auch riechen, was drinnen vor sich geht, ohne das Zimmer zu betreten. Besorgen Sie jetzt schon Babylotion, Pflegeöl, Puder usw., damit sich die Katze an die neuen Gerüche gewöhnt. Es wird ihr leichterfallen, wenn Sie selbst bereits die Mittel benutzen. Vielleicht können Sie auch eine Freundin mit Baby einladen und es abwechselnd mit der Katze auf den Schoß nehmen oder füttern, damit sie das typische Babyverhalten kennenlernt und nachher nicht in Panik gerät.

Kommt das Kind endlich ins Haus, soll die Waldkatze spüren: Es ändert sich dadurch nichts! Lassen Sie sie das Baby ausgiebig beschnuppern. Sprechen Sie ruhig und bewegen Sie sich gelassen. Vermeiden Sie Hektik. Gehen Sie mit Ihrer Katze genauso liebevoll um wie früher. Füttern Sie zu den gewohnten Zeiten, widmen Sie ihr genau soviel Zuwendung, möglichst ab und zu mit dem Baby gemeinsam. Wenn die Katze erlebt, daß sie nicht zu kurz kommt, haben Frustration, Eifersucht und re-

Zwei Babys in der Wiege: Lisa und Alisha

sultierende Fehlverhaltensweisen keine Chance.

Sollte die Waldkatze trotzdem mit Ablehnung, Flucht, Aggression oder plötzlicher Unsauberkeit reagieren, darf man sie nicht strafen. Sie zeigt damit, daß sie sich fürchtet und unsicher fühlt. Dagegen hilft nur besondere Zuwendung, Streicheln, Lob und liebevolle Beachtung.

Sowie die Katze sicher ist, daß von dem kleinen schreienden Wesen keine Gefahr ausgeht, wird sie sich ihm immer dann nähern, wenn es sich ruhig verhält. Die meisten Katzen mögen den Geruch von Milchnahrung, den Kleinkinder ausströmen, und legen sich gern in ihre Nähe. Vielleicht möchte die Katze auch von Babys Breimahlzeit naschen. Nichts spricht dagegen, ihr eine Katzenportion aufs eigene Tellerchen zu geben. Beide, Kind und Katze, genießen fröhlich die gemeinsame „Tischzeit“ und werden um so schneller gute Freunde.

Wenn Sie dann eines Tages sehen, daß die Katze sich gemütlich beim Baby ankuschelt und sich in seiner Nähe zum Schlafen zusammenrollen will, wissen Sie, daß Sie gewonnen haben! Eine neue Freundschaft beginnt.

Freunde fürs Leben

Ob und wie gut die Waldkatze mit Kindern zurechtkommt, hängt in erster Linie von Einstellung und Organisation der Eltern ab. Verständige, tierliebe Eltern erziehen problemlos katzenliebe Kinder, die von klein an lernen, dem schnurrenden Familienmitglied rücksichtsvoll entgegenzukommen. Der pädagogische Effekt ist nicht unerheblich: Gerade diese Katzen mit ihrer ausgeprägten inneren Unabhängigkeit sind geeignet, Tugenden wie Geduld, Toleranz und Respekt vor dem Mitgeschöpf erfahrbar zu machen. Die großen, kraftvollen Katzen sind weich und schmusig, sind liebevolle, verschwiegene Zuhörer bei Kümmernissen. Sie spielen gern, wehren sich jedoch nötigenfalls mit den Krallen oder ziehen sich souverän zurück.

Diese positiven Eigenschaften wurden nicht nur von Psychologen erkannt und bestätigt, sondern wer-

Freundschaft, die keiner Worte bedarf

„Schau, ich kann sie schon richtig halten!"

den seit einiger Zeit sogar therapeutisch genutzt. Wenngleich bezweifelt werden muß, daß eine Waldkatze als „Ersatzgeschwister" herhalten kann, steht fest, daß schon manchem Einzelkind die schnurrende Samtpfötige über lange Jahre die liebste Spielkameradin, Vertraute und Trösterin in der Not gewesen ist.

Die erste Annäherung wird gegenseitiges Betrachten sein, zunächst von weitem, dann immer näher. Kinder wie Katzen wollen dann auch anfassen, um zu erfassen. Wenn so das tapsige Kennenlernen spielerisch beginnt, kommt den Erwachsenen eine wichtige Kontroll- und Erziehungsaufgabe zu. Das Kind muß frühzeitig lernen, die Grenzen des lebendigen Partners zu achten, damit es nicht durch etwaige Gegenwehr zu schwerwiegenden Verletzungen kommt. Deshalb müssen die Eltern ihm von Anfang an klare Anweisungen geben. Schon Babys verstehen, daß man die Katze nicht am Ohr ziehen, ihr in die Augen greifen oder auf den Rücken schlagen darf. Wird rücksichtsvoller Umgang vorgelebt, zartes Streicheln demonstriert und eingeübt, wird die starke, wehrhafte Waldkatze „mitspielen", ohne auf unbeabsichtigte Mißgriffe aggressiv zu reagieren.

Bei gutem Vorbild und mit geduldiger Hilfe durch Eltern und ältere Geschwister lernen Kinder schon mit 2, 3 Jahren, wie man Katzen anfassen, streicheln und mit ihnen spielen kann. Mit 4 oder 5 Jahren kann das Kind lernen, wie man die große Katze richtig unter Brustkorb und Hinterpfoten greift, um sie anzuheben. Jüngeren Kindern gegenüber verhalten sich die starken Waldkatzen oft erstaunlich duldsam. Trotzdem wäre es unverantwortlich, Kleinkinder mit der Katze oder anderen Haustieren unbeaufsichtigt spielen zu lassen. Die Unfallgefahr ist zu groß.

Kinder, die von klein auf mit einer Waldkatze zusammenleben, erfahren, daß die samtpfötige Freundin öfters auch einige Mußestunden für sich alleine braucht. Besser als jede pädagogische Belehrung eignet sich zur Vermittlung dieser Erkenntnis ein großer Kletterbaum mit hoch gelegener Schlummerhöhle, die die Katze nach eigenem Ermessen aufsuchen und verlassen kann.

Vom Schuleintrittsalter an können Kinder unter Aufsicht bereits Versorgungspflichten übernehmen, z. B. füttern, den Eßplatz sauberhalten oder die Katzentoilette reinigen. Auch beim Gang zum Tierarzt sollte das Kind die vierbeinige Freundin begleiten, um sie zu trösten, wenn sie ängstlich ist.

Mit der Zeit wird aus der Liebe zur Spielkameradin ganz selbstverständlich Hilfsbereitschaft und Verantwortungsbewußtsein erwachsen. Hierin ist die humane Dimension des Zusammenlebens mit Tieren begründet. Wer in der Kindheit lernte, Lebensbereiche, Bedürfnisse und Rechte der Haustiere zu achten, wird später nicht nur seinen vierbeinigen Mitgeschöpfen, sondern auch seinen Mitmenschen mehr Verständnis und Toleranz entgegenbringen.

Regeln für ein ungetrübtes Miteinander

Das Kinderbett

Wenn von tödlichen Unfällen beim unbeaufsichtigten Spiel kleiner Kinder mit Katzen die Rede ist, sind meistens die Katzen Opfer. Ein junges empfindliches Waldkätzchen mit noch zarten zerbrechlichen Knochen ist dem rüden Umgang wilder Kinder nicht gewachsen und kann sich nicht immer rechtzeitig in Sicherheit bringen. Das ist der Hauptgrund dafür, daß Katzen nicht unbeaufsichtigt mit kleineren Kindern das Bett teilen sollten. Daß auch der Schutz des Kindes eine Rolle spielt, ist selbstverständlich. Gegen unliebsames Festhalten, Ziepen oder Knuffen wehren sich kleine Waldkatzen mit nadelspitzen Krallen. Das ist normal.

Geradezu irrwitzig ist die scheinbar unausrottbare Vorstellung von der Katze als „Erstickungsmonster“. In Wirklichkeit ist es ein Beweis für freundliches Interesse, wenn sie sich der Wiege nähert. Springt sie hinein, so nicht um dem Kind die Luft abzudrücken. Sie schmiegt sich an, weil sie Körperkontakt sucht. Soziales Ruhen ist der beste Ausdruck für Freundschaft auf Katzenart. Man sollte deshalb die freundliche Annäherung nicht rüde unterbinden, sondern die Katze liebevoll herausheben und ihr später, wenn das Baby ausgeschlafen hat, erlauben, das Bettchen zu inspizieren.

Die Spielsachen

A und O im Kinderzimmer ist das Spielzeug – auch für die immer zu lustigem Haschen aufgelegte Katze! Doch Vorsicht: Kleine Teilchen vom

Mit Luftschlangen läßt sich schön spielen

Baukasten, Murmeln, Gummipüppchen oder Plastikteile aus dem beliebten Überraschungsei werden von der Katze nach dem Fangspiel leicht als „Beute“ verschluckt und können einen tödlichen Darmverschluß herbeiführen. Umgekehrt werden Katzenspielsachen wie Weichbälle, Mäuse usw. von Kindern gern in den Mund gesteckt. Kleinkinder können daran ersticken. Darum läßt man Kind und Katze nicht allein und räumt Spielsachen nach Gebrauch stets sorgfältig weg.

Medikamente und Pflegemittel

Chemikalien aller Art sind für Kinder und Katzen absolut tabu. Medikamente müssen unerreichbar aufbewahrt werden, damit die Kleinen nicht „krankes Kätzchen“ spielen und dabei sich selbst oder die Katze vergiften.

Manche Kinder wollen die Katze wie eine Puppe baden. Da die meisten Waldkatzen Wasser lieben, spielen sie womöglich zunächst mit. Doch das ist gefährlich. Durch unbedachtes kindliches Verhalten kann es dabei doch zu heftiger Gegenwehr und bösen Verletzungen kommen. Eine für Kinder gefährliche Vergiftungsquelle sind u. U. Flohmittel, die als Kontaktmittel wirken. Empfehlenswerter sind daher andere, z. B. oral zu verabreichende Mittel, die über den Blutkreislauf wirksam werden. Holen Sie den Rat Ihres Tierarztes ein.

Hygiene

Wo kleine Kinder leben, muß öfter als sonst gewischt, gewaschen und Staub gesaugt werden. Das kommt den überaus reinlichen Waldkatzen entgegen. Sie fühlen sich in sauberer Umgebung besonders wohl. Bügelwarme Weißwäsche, frisch bezogenes Bettzeug sind bekanntlich ihre liebsten Ruheplätze, auf denen sie bis auf gelegentlich ein Haar keinerlei Spuren zurücklassen, bringen sie doch täglich mehrere Stunden mit Reinigung und Pflege ihres Körpers zu! Ist die Waldkatze gesund und frei von inneren und äußeren Parasiten, steht ihrer engen Gemeinschaft mit dem Kind wirklich nichts entgegen.

Die Katzentoilette

Krabbelnde Kleinkinder freuen sich über alles, was sie am Boden an Interessantem vorfinden. Im streugefüllten Katzenklo würden sie sofort begeistert schaufeln wie in einem kleinen Sandkasten. Das geht natürlich nicht. Damit es keine Tränen der Enttäuschung gibt, stellt man Miezes Klo von Anfang an nicht nur außer Reich-, sondern auch außer Sichtweite des Kindes. Das ist auch im Sinne der Katze. Sie will ihr „stilles Örtchen“ absolut ungestört aufsuchen. Anderenfalls könnte es sein, daß sie sich aus Angst vor ungebetenem Besuch woanders löst, d. h. „unsauber“ wird.

Er speist lieber oben

Das Katzenfutter

Solange die Kinder klein sind, stellt man Näpfchen und Teller für die Katze am besten an erhöhtem Platz auf. So verhindert man problemlos, daß die lieben Kleinen von Brekkies, Whiskas oder Fleisch naschen, was zwar nicht direkt schädlich, aber doch u. U. unhygienisch und nicht allzu bekömmlich wäre. Zudem gilt auch hier Miezes Wunsch nach Ungestörtheit.

Umgekehrt sollte die Waldkatze nicht von Babys Teller naschen. Wenn es etwas gibt, das ihr bekommt, darf das Kind der Katze etwas abgeben, das sie an ihrem eigenen Eßplatz vom Katzenteller abschleckt.

Keine Angst vor Zoonosen!

Als Zoonose bezeichnet man Krankheiten, die sowohl Menschen als auch Tiere befallen und wechselseitig übertragen werden können. Gepflegte Katzen stellen diesbezüglich keine besondere Gefahr dar, wenn man die nötige Vorsorge und Hygiene walten läßt.

Toxoplasmose

Die Angst vor dieser Krankheit treibt junge Paare mitunter zur schmerzlichen Trennung von ihrer geliebten Waldkatze. Obwohl die Toxoplasmose Symptome kaum merklich spüren läßt, ist sie gefährlich für Schwangere, denn sie kann das Ungeborene im

Mutterleib schwer schädigen. Doch meistens sind Befürchtungen unbegründet. In aller Regel hat man bis zum Erwachsenenalter die Krankheit schon längst unbemerkt durchgemacht und ist immun, was auch den Embryo sicher schützt. Ein Bluttest kann der werdenden Mutter Aufschluß geben. Besitzt sie noch keine Antikörper, braucht sie dennoch die Katze nicht wegzugeben. Wohnungskatzen, die niemals rohes Fleisch verzehren, bekommen keine Toxoplasmose.

Ansonsten genügt es, während der Schwangerschaft etwas öfter als sonst, vor allem nach dem Streicheln der Katze, die Hände zu waschen, ein anderes Familienmitglied mit der Reinigung der Katzentoilette zu betrauen oder dabei Handschuhe zu tragen. Die krankmachenden Zysten werden von Katzen nur bei Erstinfektion, nur während eines begrenzten Zeitraums und ausschließlich mit dem Kot ausgeschieden. Deshalb ist das Infektionsrisiko geringer als beispielsweise bei der Küchenarbeit: Die meisten Frauen infizieren sich beim Abschmecken einer Fleischmahlzeit, ohne es je zu bemerken.

Tollwut

Für freilaufende Katzen ist die jährliche Impfung Pflicht. Sind Kinder im Haushalt und kommt die Waldkatze unter Aufsicht ins Freie, ist ebenfalls vorsichtshalber die Tollwutimpfung anzuraten, nicht nur um einer eher unwahrscheinlichen Ansteckungsgefahr vorzubeugen. Sollte der Fall eintreten, daß die Katze vor Schreck ein fremdes Kind beißt, wird schnell ein Tollwutrisiko vermutet. Liegt kein Impfnachweis vor, ist damit zu rechnen, daß die Katze auf Verdacht amtlich getötet wird. Dasselbe schreibt der Gesetzgeber für ungeimpfte Katzen vor, wenn in unmittelbarer häuslicher Nähe ein Tollwutfall festgestellt wird. Geimpfte Katzen sind dagegen geschützt, denn sie können die todbringende Krankheit nicht übertragen.

Mikrosporie

Diese hochansteckende und langwierige Hautkrankheit ist für Menschen weniger gefährlich als lästig. Ein Hautpilz verursacht juckende schuppige Stellen. Bei Katzen fällt das Haar kreisförmig aus. Da die Pilzsporen monate- bis jahrelang infektiös bleiben, kommt es nach Abheilung häufig zum Wiederaufflammen der Ausschläge, wenn man nicht alle Gegenstände und Räume, mit denen die Katze Berührung hatte, gründlich mit Spezialmitteln desinfiziert, auskocht oder verbrennt. Die Behandlung der Katze muß lange genug und genau nach Anweisung des Tierarztes erfolgen, da die Medikamente bei zu hoher Dosierung ihre Organe schwer schädigen können. Eine seit Anfang 1999 erhältliche Vakzine gegen Pilz wird z. Z. speziell für Katzen modifiziert.

Körper und Sinne, Wunderwerk der Schöpfung

Anatomie

Skelettsystem

Mit ihrem Äußeren, ihrer Bewegung und ihrem Verhalten gehören Katzen zu den elegantesten und schönsten Raubtieren. Entscheidend bestimmt werden Form und Gestalt vom Skelettsystem mit seinen Knochen, Knorpel- und Bindegeweben und den beweglichen Verbindungen der einzelnen Knochen, den Gelenken. Das außerordentlich harmonisch fließende Zusammenspiel mit den Skelettmuskeln ergibt jene Anmut der Bewegung, die wir gerade auch an den naturhaften Waldkatzen bewundern.

Anders als Hunde unterscheiden sich unsere domestizierten Katzen in Körperform und -größe nur wenig untereinander. Eine ausgewachsene Durchschnittskatze hat eine Schulterhöhe von ca. 30 cm und mißt vom Kopf bis zur Schwanzwurzel ca. 45 cm, dazu kommt der Schwanz mit bis zu 30 cm.

Die Katze besitzt unter den Haustieren den kürzesten Schädel, wobei der runde Hirnschädel größer ist als der Gesichtsschädel. Das durch Schädel und Wirbelbögen gebildete Höhlen- und Kanalsystem beherbergt und schützt das hochempfindliche, aus Gehirn und Rückenmark bestehende Zentralnervensystem.

Dem Kopf schließt sich die außerordentlich elastische Wirbelsäule an. Sie besteht aus dem Hals- (7 Wirbel), Brust- (13 Wirbel) und Lendenteil (7 Wirbel), dem sich drei zum Kreuzbein verwachsene Hüftwirbel und schließlich die hochbeweglichen 14 bis 28 Wirbel der Schwanzwirbelsäule anschließen.

Im Vergleich zum Menschen verfügt die Katze über 10–20 mehr recht lose miteinander verbundene Wirbel. Hierauf und auf der vor allem auf Sprungkraft ausgerichteten Anordnung von Knochen und Gelenken (vgl. Gleichgewichtssinn) beruht die phänomenale Beweglichkeit der Katze. Der flexible Schwanz dient dabei als Balance-Instrument. Springt die Katze ein Ziel an oder stürzt sie sich auf eine Beute, stabilisiert der Schwanz durch blitzschnelle Wendung, Streckung oder Zusammenziehung der Schwanzwirbel ihr Gewicht. Galoppiert sie wild davon, streckt sich die Wirbelsäule locker. Bei langen Sätzen oder plötzlichem Stillstand dient der Schwanz als Ruder, Steuer und Gegengewicht. Beim Balancieren hilft er, den Körper-

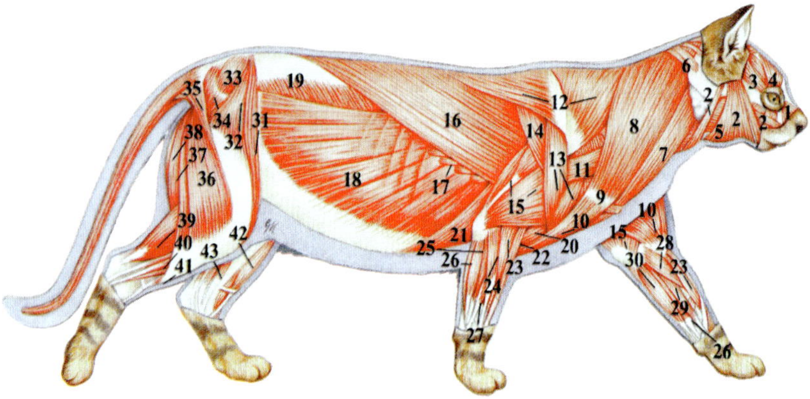

1 Oberlippenheber und Erweiterer des Nasenloches
2 Jochmuskel
3 Rückzieher des äußeren Augenwinkels
4 Heber des inneren Augenwinkels
5 Äußerer Kaumuskel
6 Langer Auswärtszieher des Ohres
7 Brustbein-Kopf-Muskel
8 Schulter-Hals-Muskel
9 Schlüsselbeinstreifen
10 Schlüsselbein-Oberarmmuskel
11 Schulter-Hals-Muskel
12 Trapezmuskel
13 Deltamuskel
14 Unterer Grätenmuskel
15 Dreiköpfiger Muskel
16 Breiter Rückemuskel
17 Unterer gezahnter Muskel
18 Äußerer schiefer Bauchmuskel
19 Innerer schiefer Bauchmuskel
20 Oberarmmuskel
21 Tiefer Bauchmuskel
22 Oberarm-Speichenmuskel
23 Äußerer Speichenmuskel
24 Gemeinsamer Zehenstrecker
25 Äußerer Ellenbogenmuskel
26 Tiefer Zehenbeugenmuskel
27 Äußerer Zehenstrecker
28 Runder Einwärtsdreher
29 Innerer Speichenmuskel
30 Oberflächlicher Zehenbeuger
31 Schneidermuskel
32 Spanner der Schenkelfaszie
33 Mittlerer Kruppenmuskel
34 Oberflächlicher Kruppenmuskel
35 Schwanz-Oberschenkelmuskel
36 Zweiköpfiger Oberschenkel-Muskel
37 Halbsehniger Muskel
38 Halbhäutiger Muskel
39 Wadenmuskel
40 Langer Wadenbeinmuskel
41 Langer Zehenstrecker
42 Vorderer Schienbeinmuskel
43 Tiefer Zehenbeuger

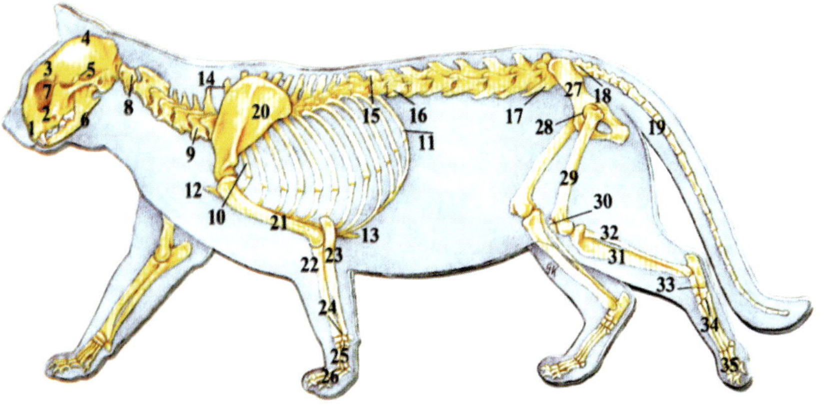

1 Zwischenkieferbein
2 Oberkieferbein
3 Stirn
4 Hirnschädel
5 Jochbogen
6 Unterkiefer
7 Augenhöhle
8 1. Halswirbel
9 6. von 7 ausgebildeten Halswirbeln
10 2. Rippe
11 13. Rippe
12 Brustbeinanfang
13 Brustbeinende
14 1. Brustwirbel
15 Letzter Brustwirbel
16 1. Lendenwirbel
17 7. Lendenwirbel
18 Kreuzbein
19 Schwanzwirbel
20 Schulterblatt
21 Oberarm
22 Speiche
23 Elle
22 + 23 = Unterarm
24 Vorderfußwurzel
25 Vordermittelfuß
26 Vorderzehen
27 Becken
28 Hüftgelenk
29 Oberschenkel
30 Kniescheibe
31 Schienbein
32 Wadenbein
31 + 32 = Unterschenkel
33 Hinterfußwurzel
34 Hintermittelfuß
35 Hinterzehen

Aktiver Bewegungsapparat – Skelettmuskulatur/Rechte Körperseite

schwerpunkt so zu verlagern, daß sie weder schwankt noch fällt. Schwanzverletzungen sind äußerst ernst zu nehmen, nicht nur wegen ungeheurer Schmerzen, sondern auch wegen der Gefahr einer damit verbundenen lebensgefährlichen Blasenlähmung.

Muskulatur

Die Katze verfügt als Jägerin über eine außerordentlich kraftvolle Muskulatur. Starke Bein-, Rücken- und Kiefermuskeln unterstützen die Bewegungsabläufe beim Schleichen, Anspringen, Packen und Töten der Beute.

Flexibilität – Vorteil und Gefahr

Je nach Erfordernis der Situation vermag die Katze ihre gesamte Körperform und -oberfläche extrem zu verändern. Zum Schlafen rollt sie sich platzsparend zusammen. Bei kalter Witterung sitzt sie ohne zu frieren kurz, breit und rund mit untergezogenen Pfoten auf ihrem Ausguck im Freien, während sie sich ein andermal dünn und lang gleich einer Schlange durch einen engen Spalt windet. Der Grund für diese Beweglichkeit ist, daß sie ein anders konstruiertes Schultergelenk als z. B. der Mensch besitzt. Die Vorderbeine sind durch Muskeln, die Rumpf und Schulterblatt verbinden, sehr flexibel am Körper fixiert. Das Schlüsselbein ist bis auf ein winziges Rudiment zurückgebildet. So entfällt einerseits ein wesentliches körperliches Hindernis beim Durchschlüpfen, andererseits aber auch ein wesentlicher Stabilisierungsfaktor: Wegen der losen Befestigung der Vorderextremitäten darf man die Katze auf keinen Fall an den Vorderbeinen hochheben! Ihr ganzes Körpergewicht, verstärkt durch etwaige Abwehrbewegungen, hängt dann an dem leichten Muskel- und Sehnenapparat zwischen Beinen und Rumpf, was schlimme Zerrungen verursacht.

Gleichfalls verboten ist das Hochheben der Katze am Genick. Katzen tragen aus Gründen der Sicherheit und zur Verbesserung ihrer Beweglichkeit „lose Kleidung“, d. h. die Haut mit dem Haarkleid sitzt vergleichsweise locker. Was einem winzigen Katzenbaby nicht schadet, wenn es von seiner Mutter hochgenommen und getragen wird, kann einer größeren Katze erheblichen Schaden zufügen. Wird sie an der Hautfalte im Nacken hochgezogen, kann es zu schweren inneren Abreißungen des Gewebes kommen.

Sinne und Sinnesleistungen

Gesicht – Katzenaugen sehen mehr

Wenn die Dämmerung kommt und alles Grau in Grau zu verschmelzen scheint, gehen Katzen auf die Pirsch. Sie jagen sogar bei dunkler Nacht erfolgreich, was bis vor kurzem zu dem

Trugschluß führte, Katzen wären sowieso farbenblind. Inzwischen konnte die Wissenschaft immerhin nachweisen, daß Katzen Grün, Grau und Blau unterscheiden. Die Differenzierung verschiedener Rottöne scheint ihnen schwerzufallen.

Zapfen und Stäbchen: Im Vergleich zum Menschen sieht die Katze Farben schlechter. Sie besitzt in ihrer Retina im Augenhintergrund 20mal so viel lichtempfindliche Zellen (Stäbchen) wie farbunterscheidende Zellen (Zapfen). Beim Menschen beträgt das Verhältnis 4 : 1. Ihre geringere Fähigkeit zur Farbdiskriminierung macht sie jedoch mehr als wett durch ihre ausgezeichnete Fähigkeit, nachts zu sehen, wozu das Katzenauge sich noch zusätzlich einiger optischer Tricks bedient.

Enorme Aufnahmekapazität: Wie bei anderen nachtaktiven Tieren fehlt im Katzenauge die Vertiefung in der Retina für genau zentriertes Sehen (Fovea). Die Katze sieht deshalb aus unmittelbarer Nähe unscharf, besser erst ab 60 cm Abstand. Die Akkomodation ist geringer als beim menschlichen Auge, da die Linse ziemlich statisch und in der Form weniger veränderbar ist. Scharfe Bilder sieht sie nur am Rande ihres Gesichtsfeldes. Dieses aber ist sehr viel größer als das unsere, weil das Katzenauge bis zu 50 % mehr Licht aufzunehmen imstande ist.

Extrem flexible Pupille: Wegen der hohen Lichtempfindlichkeit ist ein Schutzmechanismus gegen grellen Lichteinfall erforderlich. Er besteht in der Fähigkeit, die Pupille zu einem ganz engen vertikalen Schlitz zusammenzuziehen. Wenn die Katze zusätzlich ihre horizontalen Lider wie eine Jalousie zu einem Blinzeln halb schließt, verringert sie den Lichteinfall noch einmal.

Umgekehrt kann sie bei tiefer Dämmerung, die uns schon wie Dunkelheit erscheint, ihre Pupillen derart erweitern, daß fast die gesamte Iris verschwindet. Auf diese Weise dringt soviel Licht wie möglich ins Auge.

Spiegelreflex: Beim Sehen im Düstern wird zusätzlich eine besondere Einrichtung im Katzenauge aktiviert, das „Tapetum lucidum“ (wörtl. „strahlender Teppich“). Es befindet sich an der Rückwand der Retina und dient bei schwachen Lichtverhältnissen der Verstärkung des durch das Auge wahrgenommenen Bildes. Die dreieckige Fläche besteht aus 10 Lagen von Zellen aus Zink und Proteinkristallen und ist grün, blau und gelb pigmentiert mit silbrig-violett irisierendem Schimmer. Das Tapetum Lucidum funktioniert wie ein Spiegel. Es reflektiert das Licht, welches von der Retina nicht schon absorbiert wurde, und verstärkt es damit für das Auge. Die Retina empfängt noch eine weitere Portion Licht.

So hebt und hält man eine Katze richtig: Eine Hand unterstützt Hinterteil und -pfoten, die andere greift unter dem Brustkorb hindurch die Vorderbeine

Diesen nächtlichen „Spiegeleffekt" hat jeder schon gesehen. Katzenaugen leuchten manchmal im Dunkeln wie Lampen, meistens in Grüngelb.

Gehör

Radar und Kompaß: Katzenohren sind stets wach und aktiv. Selbst während des Schlummers zucken sie hin und her, vor und zurück. Wie winzige Radarschirme fangen sie jedes Geräusch auf von fern und nah, – sei es die Kühlschranktür oder eine Maus, die durchs Gras huscht. Bis zu 30 Ohrmuskeln – wir Menschen besitzen nur 6 – sitzen am Außenohr und verleihen ihm eine solche Beweglichkeit, daß es sich einzeln und unabhängig bis zu 180° drehen kann. Damit und zusätzlich mit den feinen Strukturen ihres Innenohres erlangt die Katze höchste Wahrnehmungsfähigkeiten.

Hochfrequenzen: Hunde hören höhere Töne als Menschen, doch die Katze ist in der Lage, noch weit höhere Töne wahrzunehmen als der Hund. Die engen schneckenhausähnlichen Windungen der Kochlea befähigen sie, Klänge bis zu 65 000 Hz zu hören, während es der Hund nur bis 45 000 Hz schafft. Menschenohren können lediglich bis 20 000 Hz hören, so daß uns das zarte Piepsen kleiner Nager ebenso entgeht wie die Vielzahl anderer hochfrequenter Geräusche, welche uns ständig umgeben. Bei der Wahrnehmung von Tönen niedriger Frequenzen ist die Empfänglichkeit bei Katzen, Hunden und Menschen etwa gleich.

Katzen nehmen nicht nur die feinsten Geräusche wahr, sie hören auch exakt, woher sie kommen. Noch aus 20 m Entfernung werden Geräuschquellen differenziert, die nur 45 cm auseinander liegen. Deshalb irren sich Katzen nie, wenn es um das Orten einer Beute geht.

Gleichgewichtssinn: Ihr phänomenaler Gleichgewichtssinn verleiht der

Katze die Fähigkeit, gewagte Sprünge meisterlich zu vollführen, auf schmalen Stegen elegant zu balancieren, lautlos über unwegsamen Grund zu schleichen, ohne je zu stolpern, zu schwanken oder auch nur ein Rascheln zu verursachen. Eine weitere viel bewunderte, doch merkwürdigerweise noch wenig erforschte, Eigenschaft der Katze ist ihre Fähigkeit, stets auf ihren Pfoten zu landen, weil sie sich z. B. beim Fallen reflexartig aufrichtet.

Die Grundlage für die mitunter lebensrettende Drehbewegung wird der Funktion des vestibulären Apparates zugeschrieben. Das Gleichgewichtskontrollorgan liegt im Innenohr und besteht aus drei rechtwinklig zueinander angeordneten, mit Flüssigkeit gefüllten Kanälen und Kammern. In deren Wände sind feine, mit Nerven versehene Sinneshaare eingebettet. Auf den Sinneshärchen ruhen Gleichgewichtssteinchen, welche bei jeder Bewegung des Kopfes ihren Druck auf bestimmte Härchen verlagern. Die mit den Härchen verbundenen Neuronen senden jegliche Positionsveränderung als Information an das Kleinhirn, wo das Gleichgewichtszentrum sitzt. Hier im hinteren Teil des Gehirns wird die Orientierung im Raum bewältigt.

Wenn die Katze fällt, tritt sofort der Aufrichtungsreflex ein. Von dem ganzen außer Position geratenen Körper wird zuerst der „verdrehte" Kopf wieder in die Horizontale gerichtet, weil das Gleichgewichtsorgan die entsprechenden Signale über die momentane Lage an das Kleinhirn gesandt hat. Nun wird ein komplexer Mechanismus in Gang gesetzt, der die Nerven entlang der ganzen Wirbelsäule erfaßt und das gesamte Katzenskelett mit seinen 230 Knochen beteiligt. Dank ihrer Flexibilität kann die Katze sich um 180° drehen und ihren Körper wie ein Klappmesser beugen, wenn sie das Hinterende zuletzt umdreht. Bei der Landung sind die Vorderbeine gestreckt und der Rücken gebogen, so daß der Aufprall den Stoß abfedert. Beim Ablauf der gesamten Reflexhandlung sind auch die Augen beteiligt. Sie schätzen die Höhe bzw. Entfernung ab, wodurch sich die Zeit bis zum Aufschlag auf dem Boden bemißt. Es wäre allerdings ein verhängnisvoller Irrtum zu glauben, jede Katze würde jederzeit aus jeder beliebigen Höhe sicher auf ihren vier Pfoten landen! Ist die Fallhöhe zu gering, bleibt ihr zur Drehung nicht genug Zeit. Ist die Fallhöhe zu groß (Fenstersturz), erfolgt wegen der Gravitation ein so heftiger Aufschlag, daß es zu Quetschungen und Zerreißung innerer Organe kommt. Auf keinen Fall darf man eine Katze mutwillig werfen oder fallen lassen, denn schwere Verletzungen drohen!

Interessanterweise verfügen junge Kätzchen so lange noch nicht über den Aufrichtungsreflex, wie ihre Augen noch geschlossen sind.

Geruchs- und Geschmackssinn

Riechen: Katzen verfügen über einen äußerst fein entwickelten Geruchssinn. Schon von Geburt an orientieren sich die winzigen Nestlinge am Geruch. Ohne sehen und hören zu können, erkennen sie ihre Mutter und die vertraute Pflegeperson. Fremde werden mutig angefaucht und mit knallenden Lauten spuckend abgewehrt. Auch im späteren Leben spielen Gerüche eine wichtige Rolle im sozialen Bereich, deshalb verfügen Katzen über einen äußerst fein entwickelten Geruchssinn. Die Nasenhöhle ist mit einer stark faltigen Membran ausgekleidet, die – könnte man sie glätten – eine Fläche von 20 bis 40 cm^2 bedecken würde. Das ist doppelt soviel wie beim Menschen, allerdings weniger als beim Hund. Auf der Membran befinden sich zahlreiche Riechzellen, die dazu bestimmt sind, die in der Luft herangetragenen Partikelchen zu identifizieren.

Schmecken: Trotz ihres ausgezeichneten Riechvermögens ist die Katze im Schmecken uns Menschen nur um weniges voraus. Sie unterscheidet sauer, bitter und salzig, außerdem entgegen weitverbreiteter Meinung auch süß! Allerdings ist ihre Fähigkeit, Süßes wahrzunehmen, nur schwach ausgebildet. Darüber hinaus besitzen Katzen noch eine besondere Fähigkeit: Sie können Wasser schmecken! Das erklärt vielleicht die vielfach „sonderbaren“ Trinkgewohnheiten von Katzen. Manche trinken lieber aus Schlammpfützen als aus ihrem Näpfchen. Andere bevorzugen Tropfen aus einem bestimmten Wasserhahn. Einige wollen Mineralwasser. Das Aroma ist eben anders.

Feinschmecker haben bekanntlich eine besonders feine Zunge. Genauso wie bei uns Menschen liegen auch bei Katzen die zahlreichen Geschmackspapillen auf der Zunge. In der Mitte der Katzenzunge aber befinden sich anstelle der Geschmacksknospen starke, rauhe, nach hinten gerichtete Papillen. Mit ihnen kann die Katze von ihrer Beute das Fleisch abraspeln, indem sie mit den winzigen Haken das Nahrungsgewebe regelrecht zerreibt. Außerdem dient dank dieser Ausstattung die Katzenzunge ausgezeichnet als Kamm, mit dem die Katze verwirrte Haare glättet und striegelt, abgestorbenes Haar herauslöst und ihren Pelz sauberhält.

Flehmen: Eine bemerkenswerte Sinnesfähigkeit hat die Katze mit Rotwild, Pferden und Schlangen gemeinsam: Sie kann Gerüche schmecken! Dieses „Riechschmecken“ nennt man „Flehmen“ (auch „Flämen“). Dazu dient das am Gaumen hinter den Schneidezähnen gelegene Jakobsonsche Organ (auch „Vomeronasalorgan“), das sich zur Nasenhöhle hin öffnet. Es besteht aus zwei schmalen, parallel verlaufenden knorpeligen Röhren, die ungefähr 1 cm lang und teilweise mit olfaktorischer (Riech-) Schleimhaut ausgekleidet sind.

Wenn die Katze durch die Öffnung des Jakobsonschen Organs Luft einsaugt, um die darin enthaltenen Geruchspartikelchen wahrzunehmen, vollführt sie dabei das typische Flehm-Verhalten: Sie öffnet den Mund etwas und zieht die Oberlippe gleichsam „höhnisch grinsend" hoch. Die Luft wird durch den Ductus incisivus in das Jakobsonsche Organ gezogen und eine Weile angehalten. Dabei wird die Zunge an den Gaumen gedrückt. Manchmal kann man beobachten, wie die Zunge an den Gaumen schnellt und leckt. Die hochempfindlichen olfaktorischen Zellen in der Schleimhaut des Jakobsonschen Organs werden durch die Wirkung der angehaltenen Luftpartikelchen angeregt. Chemische Informationen werden zum olfaktorischen Lappen im Vorderteil des Gehirns (Riechzentrum) und zum Hypothalamus (Regulator für Sexualverhalten und Appetit) geleitet. Diese Funktion ist derart sensibel ausgebildet, daß Kater am Urin einer Kätzin nicht nur

Aufmerksam richtet die Kätzin ihre Tasthaare nach vorn

erkennen, ob sie gerade rollig ist, sondern auch den jeweiligen Status des Sexualzyklus wahrnehmen. Wegen seiner Funktion im Bereich des Sexualverhaltens schenken Verhaltensforscher dem Jakobsonschen Organ besondere Beachtung.

Das Flehmen wird von beiden Geschlechtern bei verschiedenen Gelegenheiten ausgeführt. Das Beschnuppern des Urins von Artgenossen ist ein Teil der olfaktorischen Kommunikation (Verständigung durch Gerüche). Katzen flehmen auch, wenn sie auf ihnen besonders zusagende Düfte treffen, wie etwa „Catnip" (Katzenminze, Nepata cataria). Nicht jede, doch etliche reagieren mit ähnlichem Verzücken darauf wie Menschen auf Marihuana oder LSD. Das in der Pflanze enthaltene Öl produziert die Chemikalie Hepetalacton. Darauf verhalten sich Katzen häufig, als ob sie unter Drogen stünden. Glücklicherweise ist Katzenminze harmlos und ohne Nebenwirkung. Weitere Düfte, auf die Katzen besonders extrem reagieren, sind Baldrian, bestimmte Gewürze wie z. B. Lorbeer, aber auch Parfums, insbesondere wenn sie Moschus enthalten.

Vorsicht: Manche Düfte können zeitweilige Verhaltensänderungen, auch unvermittelte Aggressivität hervorrufen. Einige Katzen lieben den Geruch scharfer, z. B. chlorhaltiger, Reinigungsmittel. Doch auf keinen Fall darf man zulassen, daß sich die Katze darin wälzt oder daran leckt, denn das kann zu schweren Verätzungen führen.

Tastsinn

Haut und Haar: Mit ihren Sinnesfähigkeiten erreicht die Katze Dimensionen, die uns Menschen verschlossen bleiben. Bei allen Wahrnehmungen, Reaktionen auf Umwelteindrücke und sozialen Interaktionen spielt ihr Tastsinn eine herausragende Rolle. Eine Reihe erstaunlicher Wahrnehmungsaufgaben erfüllen dabei Haut und Haar.

Pro Quadratmillimeter besitzt die Katze rund 200 Haare, von denen jedes einzelne die Aufgabe der Informationsweiterleitung übernehmen kann, denn jede Haarwurzel ist von Nervenenden umgeben. Der stärker behaarte Bauch ist daher empfindlicher als der Rücken. Die größte Bedeutung kommt unter den Haaren den Tasthaaren (Vibrissen, Fühlhaare, Sinneshaare, Sinushaare) zu. Außer den rund zwei Dutzend links und rechts über der Oberlippe in je vier Reihen angeordneten Schnurrhaaren sind es die kürzeren Barthaare am Kinn, die langen Fühlhaare über den Augen und die Tasthaare an der Innenseite der Vorderbeine direkt über dem Handwurzelgelenk, mit denen die Katze bei der räumlichen Nahorientierung tasten und fühlen, beim Erkunden fremder Gegenstände Oberfläche und Reaktion testen kann. Sie arbeiten so fein, daß sie feinste Luftdruckdifferenzen wahrnehmen. Damit sie ihre besonderen sensorischen Aufgaben erfüllen können, weichen die Sinneshaare im Bau vom normalen Haar etwas ab. Die hochsensible Wirkungsweise beruht auf dem hydraulischen Prinzip: Jede Richtungsänderung wird auf das Blut in dem die Wurzelscheide umgebenden Sinus übertragen und wirkt vielfach verstärkt auf die in der Wand des Sinus gelegenen in Nervenenden mündenden Tastkörperchen. So erreichen minimale Reize als starke Impulse das Gehirn.

Schnurrbart: Die fein ausgezogenen, meist stumpf endenden Schnurrhaare sind im Querschnitt rund, elastisch und äußerst beweglich. Sie werden mit speziellen Muskeln je nach Bedarf in verschiedene Richtungen gespreizt, zum Abmessen eines Durchschlupfs im Dunkeln etwa zur Seite. Zum Abtasten einer Beute werden sie so nach vorne gefächert, daß sie das Opfer regelrecht einhüllen. Auf diese Weise erfühlt die Katze Form, Größe, Lage und etwaige Bewegungen des Opfers so exakt, daß sie es bei völliger Dunkelheit problemlos halten, wegtragen, töten und zum Verzehr wie üblich von vorne „anschneiden" kann, ohne es zu sehen. Beim Schnuppern an einem Gegenstand liegen die Schnurrhaare seitlich an, damit sie nicht im Wege sind.

Fühl- und Tasthaare: Die antennenartigen Fühlhaare über den Augen schützen beim Streichen durch hohes Gras und Gebüsch die Augen vor Verletzungen, indem sie bei Berührung unmittelbar den Blinzeleffekt auslösen. Die je vier Sinneshaare an den Vorderpfoten kompensieren schlechte Sicht, wenn es zum genauen Anschauen zu dunkel ist. Da Katzen erst im Abstand von 2–6 m sehr gut sehen, untersuchen sie manchmal auch im Hellen ein interessantes Objekt mit den Pfoten, weil es zum exakten optischen Erfassen zu nahe liegt.

Über die hochsensiblen Tast- und Orientierungsleistungen hinaus funktionieren die Sinneshaare der Katze zusätzlich wie eine Art Radarsystem, denn sie sind imstande, sogar ohne direkte Berührung feinste Luftbewegungen oder Schwingungen, die von nahenden Lebewesen oder unbelebten Gegenständen ausgehen, wahrzunehmen. Darum können Katzen sich nachts im Freien bewegen, klettern und jagen, ohne je anzustoßen. Mit der Fähigkeit, feinste seismographische Schwingungen zu erspüren, hängt wohl auch die immer wieder bei Katzen beobachtete „Vorahnung" von Katastrophen wie z. B. Erdbeben zusammen.

Bitte nicht berühren! Fast alle Katzen hassen die Berührung ihrer Schnurrhaare. Das ist nicht verwunderlich, bedenkt man deren extreme Sensibilität. Jeder noch so feine

Berührungsreiz wird verstärkt zum Gehirn geleitet und massiv empfunden. Grobes Anfassen der Schnurrhaare wäre insofern einem Schrei ins Ohr oder grellem Blitzlicht ins Auge vergleichbar. Das empfindliche Organ wird dadurch für kurze Zeit total betäubt. Noch schlimmer wäre ein Stutzen des Schnurrbarts. Die Katze würde einen Großteil ihrer räumlichen Orientierungsfähigkeit, ihrer Sinneswahrnehmungen und sogar ihrer normalen Kontaktfähigkeit einbüßen, bis neue Schnurrhaare nachgewachsen wären. Jede mutwillige Verletzung der Sinneshaare ist Tierquälerei.

World Champion mit russischem Temperament: „Katharina vom Schloßpavillon"

Kleine Katzenpsychologie

Ausdruck und Kommunikation

Für eine harmonische Beziehung zwischen Mensch und Katze ist ein gewisses Maß gegenseitigen Verständnisses unerläßlich. Katzen scheinen das zu wissen. Sie beobachten ihre Menschen so genau, daß man den Eindruck gewinnt, sie könnten Gedanken lesen oder verstünden die menschliche Sprache. Umgekehrt ist das leider meistens weniger der Fall. Allzu lange galten Katzen als unberechenbar und „falsch" – zu Unrecht! Als soziale Wesen verfügen sie über ein reiches Ausdrucksrepertoire. Ihre Kommunikation besteht im wesentlichen aus Mitteln der Körpersprache im weitesten Sinne, doch wird natürlich auch klanglich-vokal kommuniziert. Hier gibt es ein reiches Repertoire.

Das rätselhafte Miau

Ohne genau zu wissen, ob oder wie Katzen die Bedeutung unserer Worte auffassen, schreiben Wissenschaftler der gegenseitigen vokalen Zuwendung schon immer eine beachtliche Bedeutung zu. Der Schweizer Katzenpsychologe D. Turner mißt die Qualität der Mensch-Katze-Beziehung u. a. daran, wieviel jemand mit seiner Katze spricht.

Dank unglaublicher Beobachtungs- und Auffassungsgabe lernen Katzen, ihres Menschen Stimmungen, Gedanken und wohl auch verbale Mitteilungen zu erfassen. Umgekehrt klappt es nur schleppend mit dem Verstehen. Wir können mit der subtilen Katzensprache so wenig anfangen, daß unsere Katzen sich im Verlaufe der Domestikation entschlossen, extra für den Umgang mit uns Menschen eine Art Fremdsprache zu lernen. Die kontaktfreudige Waldkatze hört aufmerksam zu, wenn wir mit ihr sprechen und antwortet mit zarter Stimme. Sibirische Katzen schmeicheln in gurrenden, zwitschernden Tönen.

Aus der Katzensprachforschung

Schon früh betätigten sich Naturforscher als Tierdolmetscher und Katzensprachler. Michel de Montaigne (1533–1592) war bereits der Überzeugung, daß Tiere miteinander kommunizieren und daß sie auch uns Menschen etwas zu sagen haben. Der Naturalist Pierre-Samuel Dupont de Nemours (1739–1817) begann, die Tiersprache zu erforschen. Er erlernte die Krähensprache, versuchte gar ein Nachtigallenlied ins Französische zu übersetzen und analysierte aus der Sprache der Katzen die gleichen Vokale wie Hunde sie verwenden, jedoch darüber hinaus noch die 6 Konsonanten m, n, g, h, v und f. Der um eine Generation jüngere französische Autor und Politiker Chateaubriand (1768–1848) schloß daraus auf einen bedeutend größeren Wortschatz der Katzen! Der italienische Katzenfreund Abbé Galiani (1728–1787), der seine beiden Stubenkatzen studierte, bemerkte, daß das typische „Miau“ lediglich als Ruf verwendet wird. Ansonsten stellte er über 20 Abwandlungen innerhalb der vokalen Lautäußerungen fest und leitete daraus die Existenz einer echten Katzensprache ab. Noch über hundert Jahre später stimmte die amerikanische Katzenexpertin Helen M. Winslow dem vollständig zu. Hinzufügend meinte sie, daß Kastraten im Vergleich zu Katern ein geringeres Vokabular hätten. Ebenfalls um die Jahrhundertwende verfaßte der Pariser Professor Alphonse Léon Grimaldi ein 600 Vokabeln umfassendes Wörterbuch der Katzensprache. Er gab vor, sich mit Katzen in deren Sprache, die dem modernen Chinesisch vergleichbar wäre, unterhalten zu können. Grimaldis Zeitgenosse St.

Zärtlich und treu an einen bestimmten Menschen gebunden: Osi „spricht“

George Mivart billigte Katzen zwar die Fähigkeit zu stimmlicher Kommunikation zu, nicht jedoch eine regelrechte Sprechfähigkeit.

In New York erschien im Jahre 1895 das erste Buch, das sich explizit mit der Katzensprache befaßt, „Pussy and Her Language“, erschien 1895 in New York. Der Autor Marvin R. Clark, ein erstklassiger Musiker, konnte mit seinem feinen Gehör 100 verschiedene Katzenäußerungen unterscheiden. Da Clark blind war, unterliefen ihm aber zahlreiche Fehlinterpretationen. Das Buch wurde ein Reinfall.

Um 1940 analysierten Carl van Vechten und Ida M. Mellen den phonetischen Umfang der Katzensprache. Während der blinde Clark seinen Katzen die Konsonanten b, d, f, l, m, p, r, t, v, w und j abgelauscht hatte, fand van Vechten m, p, r, s, t, niemals jedoch v und selten m. Mellen dagegen hörte ch, f, h, k, l, m, n, p, r, s, t, w und sehr selten auch j.

Lautbildung und Bedeutung

Die eigentliche Frage gilt natürlich dem Sinngehalt der wahrnehmbaren Laute. Daß es ihn gibt, ist unbezweifelbar. Leider hat die moderne Verhaltensforschung so wenig Neues zu bieten, daß die Arbeit der Tierpsychologin Mildred Moelk zur Vokalisation der Hauskatze von 1944 noch heute Beachtung findet. Sie unterscheidet 16 Klangbilder mit bestimmten Bedeutungen, die jedoch nicht begrifflich, sondern als Ausdruck von Emotionen zu verstehen seien.

Da Katzen keine Vorschriften für korrekte Aussprache kennen, kommt es zu vielfältigen Variationen der Töne und Klangmuster. Trotzdem wissen wir meistens sofort, wenn wir eine Katze schreien hören, ob es sich um eine Katzenhochzeit handelt, ob die Katze Hunger hat oder die Tür geöffnet haben möchte. Schwieriger wird es bei anderen Lauten, z. B. dem Knurren, dessen in unseren Ohren einfach klingender Ton für Artgenossen je nach Erfordernis höchst unterschiedlich beantwortet wird. Warnt die Katzenmutter knurrend vor Gefahr, stürzen die Kleinen auseinander und suchen Deckung. Verscheucht sie knurrend einen Hund, bleiben sie dicht bei ihr. Knurrt sie, um nicht beim Essen gestört zu werden, halten sich die Kinder brav auf Abstand, verschwinden aber nicht. Vermutlich verstehen sie feinste Differenzierungen.

Fremdwort „Miau“: In den meisten Ländern und Kulturen wird die kätzische Ausdrucksweise lautmalerisch umschrieben. Was wir als „Miauen“ bezeichnen, heißt arabisch „naoua“, chinesisch „ming“, griechisch „larungizein“, sanskrit „madj“, „vid“, „bid“, französisch „miauler“ und englisch „mew“ oder „miaouw“. Doch Katzen miauen gar nicht viel. Außerhalb von Kätzchenaufzucht, Paarung oder kämpferischen Auseinandersetzungen kommunizieren Katzen selten stimmlich miteinander. Für ihre Vorfahren, einst solitäre Beutejäger, war Schweigsamkeit eine lebensnotwendige Tugend. Erst im Verlaufe ihrer Haus- und Heimtierwerdung mußten sie lernen, daß im Zusammenleben mit Menschen Schweigen nicht unbedingt Gold ist. Menschen verstehen nicht ohne weiteres Mimik und Körpersprache ihrer Mitgeschöpfe. Erst wenn die Katze jämmerlich miauend an der Kühlschranktür hin und her streicht, versteht ein jeder: „Hunger!"

Der amerikanische Verhaltensforscher Prof. Dr. Nicholas Dodman fand Mitte der 90er Jahre heraus, daß Hauskatzen eigens für ihr Zusammenleben mit Menschen eine regelrechte „Fremdsprache" erlernen. Bestimmte Lautäußerungen, in der Wildnis ohne praktische Bedeutung, werden vom Katzenhalter belohnt. Die Katze lernt schnell, daß ihr Miau das Öffnen der Tür bewirkt, ihr ein gefülltes Tellerchen beschert oder die Einladung zu einem Nickerchen auf dem Schoß des Menschen. Mit der Zeit entwickelt sie ein ganzes Repertoire von Lauten, das ihr alle Wege zu einem angenehmen Dasein in Gesellschaft ihrer menschlichen Freunde ebnet.

Individuelle Unterschiede: Wie viele verschiedene Laute eine Katze lernt, hängt davon ab, wie sie durch Belohnung gefördert wird, aber auch von ihrer eigenen Persönlichkeit. Wie bei Menschen gibt es die stilleren und die redseligeren. Wie Turner jüngst bestätigte, „reden" Rassekatzen mehr als Hauskatzen, Stubenkatzen mehr als Freigänger, von allen Rassekatzen Perser am wenigsten, Siamesen am meisten. Die Waldkatzenrassen sind in der Mitte einzureihen.

Was Katzen sagen wollen: Murmel-Laute signalisieren Zufriedenheit oder freundliche Kontaktaufnahme. Sie umfassen das Schnurren, Bitte oder Begrüßung, Rufen, Dank oder Bestätigung. Murmelnd werden Menschen oder befreundete Mitkatzen umschmeichelt und zum Näherkommen ermuntert. Dabei dringt die Atemluft durch die Nase nach außen, der Mund bleibt geschlossen.

Bei vokalisierenden Lautmustern öffnet die Katze zunächst den Mund und schließt ihn dann allmählich. Die Töne werden beim Ausatmen gebildet. Sie ähneln dem bekannten „Miau". Im Gegensatz zu Menschen, die beim Sprechen und Singen Lippen, Zunge, Kiefer und Stimmbänder gebrauchen und dadurch eine ungeheure Bandbreite von Vokalen erzeugen, bilden Katzen die verschieden klingenden Vokale lediglich durch unterschiedliche Dehnung des Halses. Solches Miauen aus dem Hals verstehen die meisten Leute als Aufforderung oder Bitte: „Wo ist mein

Essen?“ oder „Bitte säubere mein Streukistchen!“

Bei spannungsgeladenen Lautmustern hält die Katze, ähnlich wie wenn Menschen weinen, den Mund offen und gespannt. Bei der Lautbildung wird die Luft forciert ausgestoßen. Diese Art Lautgebung läßt keinen Zweifel daran, daß die Katze aufgeregt und stark angespannt ist. Die spannungsgeladenen Lautmuster umfassen das Fauchen, Knurren, Jaulen, Schmerzensschreie und die lautesten Deckschreie.

Neuere Untersuchungen fallen dank moderner technischer Ausstattung objektiver aus als früher. Die Lautäußerungen der Katzen werden elektronisch aufgezeichnet und können in grafische Zeichen umgesetzt werden. Doch selbst das exakteste Sonogramm ergibt keine semantische Interpretation. Hier liegt noch ein großes Forschungsgebiet brach.

Vom Schnurren: Jede Katze schnurrt, auch Wildkatzen. Sie tun es in vielen Lebenslagen, in unterschiedlichen Lautstärken und Tonhöhen. Großkatzen schnurren ausschließlich beim Ausatmen. Hauskatzen können auch beim Einatmen schnurren, ja sogar beim Singen und beim Essen! Katzen, die angeblich niemals schnurren, gehören zu den ganz leisen, empfindsamen Typen, deren verhaltenes Schnurren Menschenohren einfach nicht vernehmen. Man kann jedoch die Vibrationen beim Streicheln an der Kehle fühlen.

Schnurren heißt: „Alles in Ordnung“ – wenn die Katzenmutter schnurrend ihre noch blinden und tauben Katzenkinder zur Welt bringt. Schon mit zwei Tagen beginnen die Kleinen ebenfalls zu schnurren, wenn sie wohlig saugen. Später ruft die Mutter ihre Kinder mit lautem Schnurren zur Mahlzeit.

Schnurren dient auch der Beschwichtigung. Treffen erwachsene Katzen einander, kann es sein, daß die subdominante die stärkere Katze anschnurrt: „Schau, ich bin lieb und klein.“ Damit soll die Gefahr einer eventuellen Attacke abgewendet werden.

Zwecks Streßminderung und zur Selbstbestätigung schnurren Katzen mitunter, wenn sie ganz allein sind, ähnlich wie ein Mensch, der Selbstgespräche hält. Auch schwerkranke, verletzte oder sterbende Katzen sind schon schnurrend angetroffen worden. In solchen Situationen dient das der eigenen Beruhigung. Möglicherweise werden beim Schnurren hilfreiche körpereigene Endorphine freigesetzt, die Schmerz und Angst lindern. Auf Menschen hat das Schnurren der Katze eine ebenso beruhigende, fast hypnotische Wirkung. Es gibt kein besseres Mittel gegen Ärger, Aufregung und Streß als die Anwesenheit einer, besser mehrerer, Katzen. Schnurrend entführen sie uns in ihre friedliche Welt. Der Blutdruck sinkt, der Pulsschlag vermindert sich, Wohlbefinden breitet sich aus. Wie prompt Menschen darauf „abfahren“, scheinen die Katzen zu wissen, setzen sie das Schnurren doch offenbar gezielt zur Durchsetzung ihrer Wünsche ein. Katzen sind imstande, Menschen schnurrend zu manipulieren. Nicht nur aus Dankbarkeit schnurrend, sondern auch mittels unwiderstehlichen „Vorausschnurrens“ bringen sie jeden Katzenfreund dazu, ihre Bitten freudig zu erfüllen. Manche Katzen reagieren auf Enttäuschungen mit Schnurrverweigerung – eine wirksame Strafe für katzenliebe Menschen!

Saite und Resonanzkörper: Die meisten Töne bringt die Katze mittels Vibrationen der Stimmbänder hervor, nur zum Fauchen und Spucken braucht sie sie nicht. Ob die Stimmbänder beim Schnurren beteiligt sind, ist noch umstritten. Eine ältere Theorie besagt, das Schnurren komme von nicht synchronen Bewegungen von Zwerchfell und Kehlkopf, wobei das Schnurrgeräusch durch die Resonanz von Luft im Kehlkopf und teilweiser Mitbewegung der Stimmbänder entstehe. Ähnlich erklären Vertreter der Muskelkontraktionstheorie, daß die Muskeln an der Kehle sich teilweise zusammenziehen, wodurch ein gewisser Druck und daraus resultierend die Vibrationen entstehen. Andere Forscher weisen darauf hin, daß die Katze außer ihren Stimmbändern, mittels derer sie schreien, miauen, quietschen und knurren kann, noch über zusätzliche Strukturen verfügt, die als „falsche Stimmbänder“ bezeichnet werden. Wird die Luft ein- und ausgeatmet, reiben sich die falschen Stimmbänder aneinander und erzeugen so die Schnurrgeräusche. Amerikanische Wissenschaftler, die sich der Ansicht anschließen, weisen in diesem Zusammenhang auf das verlängerte weiche Gaumengewebe („Zäpfchen“) der Katze hin, das beim Atmen vibriere und flattere. Andere sind der Auffassung, daß das Schnurren aus Blutwallungen in der Hauptvene im Brustkorb entsteht. Dort wo die Vene das Zwerchfell durchläuft, wird der Blutstrom durch Muskelbewegungen zusammengepreßt, was Schwingungen verursacht, die durch die luftgefüllten Bronchien und den Kehlkopf verstärkt werden und das Schnurren hervorrufen können.

Körpersprache

Sie „spricht“ mit dem Schwanz

Der Schwanz der Katze ist mehr als bloß ein Anhängsel. Ob optische Vollendung ihrer eleganten Figur, Steuerruder oder Ausdrucksmittel, das katzentypische Körperende gilt als unverzichtbares Attribut, wesentlicher Bestandteil der physisch-psychischen Ganzheit.

Nicht böse, aber aufgeregt peitscht der Schwanz, gleich wird etwas passieren!

Schwanzvokabular: Der Schwanz verleiht der Katze nicht nur Eleganz, Schönheit und Gleichgewicht, er ist auch gleichsam Spiegel ihrer Seele. Von den vielen Tieren, die mit der Schwanzhaltung Botschaften an ihre Artgenossen aussenden, verfügt die Katze über das ausgeprägteste und wohl auch liebenswürdigste „Schwanzvokabular". Mit einzigartiger Geschmeidigkeit und einem Minimum an Bewegungsaufwand kann der Schwanz plappern, schmeicheln, necken, verführen, leiten, überreden, becircen. Sogar im Tiefschlaf eingerollt, wenn die Katze mit über die Nase geschlungenem Schwanz die Sauerstoffzufuhr drosselt, pointiert sie ihre Träume mitteilsam durch feine Schwanzschläge.

Gruß: Obwohl jede Katze über ein ganz eigenes Repertoire verfügt, gibt es allgemeingültige Zeichen der Schwanzsprache, die alle anwenden und verstehen. Der hoch erhobene Schwanz ist meist freundlicher Gruß oder Zeichen aufmerksamer Anteilnahme. Eine Katze, die gemütlich dahertrottet, trägt den Schwanz im 40°-Winkel zum Körper, wobei er gelegentlich wie geistesabwesend hin und her wedelt. Verlangsamt sie den Schritt, vielleicht weil sie sich die Pfoten waschen will, senkt sie den Schwanz. Hält sie inne, um sich auf einen Geruch oder ein Geräusch zu konzentrieren, zuckt der Schwanz neugierig. Wenn sie schneller läuft oder rennt, streckt sie sich allmählich, so kann der Schwanz jederzeit als „Balancestab“ funktionieren. Begegnet sie einer anderen Katze, vor der sie sich nicht fürchtet, wird sie zum Zeichen des Grußes höflich den Schwanz erheben. Da viele Katzen den Menschen als Ersatzmutter betrachten, nähern sie sich Herrchen oder Frauchen mit Begeisterung rückwärts. Mit steil erhobenem Schwanz, die Spitze leicht nach vorne gebogen, präsentieren sie wie früher als kleine Kätzchen das Hinterteil, damit „Mama“ die Sauberkeit kontrollieren bzw. ordentlich waschen kann! Aufgeklärte Katzenleute wissen, daß diese Haltung ein ausgesprochener Liebes- und Vertrauensbeweis ist und sind auf das Kompliment sehr stolz!

Drohung: Fühlt sie sich von einem potentiellen Gegner erschreckt oder angegriffen, wird sie blitzschnell die Schwanzhaare sträuben, so daß der Schwanz wie aufgeblasen wirkt. Mit dieser optischen Veränderung verblüfft sie ihr Gegenüber und gewinnt damit einen Moment Zeit, sich einigermaßen würdevoll zurückzuziehen. Ist das nicht möglich, wird sie in Angst und Schrecken den Schwanz wie eine Flaschenbürste aufstellen und dazu den bekannten Katzenbuckel formen, womit sie ihre Kampfbereitschaft signalisiert. Sie stellt sich seitwärts und vergrößert durch gesträubtes Fell ihre Silhouette. Die ganz allmählich eskalierenden Drohgebärden ermöglichen beiden Katzen meistens einen ehrenvollen Rückzug ohne Gesichtsverlust.

Attacke: Ein langsam peitschender Schwanz hat nichts Gutes zu bedeuten: Ärger, Aggression bahnt sich an. Ausmaß und Härte der „Peitschenhiebe“ können als Indikatoren für das aggressive Potential gedeutet werden. Anders als der freudig wedelnde Hundeschwanz ist Schwanzwedeln bei der Katze ein Warnsignal, und zwar für jeden. Für Menschen, Katzen und andere Tiere heißt das: „Weg hier! Zurück!“ Wer das mißversteht, bezahlt schmerzlich! Wenn zwei Katzen sich einander mit grimmig schlagenden Schwänzen nähern, handelt es sich entweder um mächtige Droh- und Einschüchterungsversuche oder es beginnt bereits ein ernsthafter Kampf.

Jagd: Anders „spricht“ der Schwanz, wenn die Katze im Begriff ist, eine Beute anzugreifen. Wenn sie gespannt niedrig am Boden anschleicht, schlägt nur die Schwanzspitze. Auf diese Weise reagiert sie ihre wachsende Spannung ab und macht gleichzeitig alle Muskeln, Wirbel und Fasern ihres Körpers bereit für den tötenden Ansprung.

Dominanz: Die vielfältige Ausdrucksfähigkeit der Sprache mit dem Schwanz bestätigt die Soziabilität der Katze. In einem Haushalt mit mehreren Katzen kann man gut beobachten, daß die Oberkatze meint, den Schwanz höher als alle anderen tragen zu müssen oder zu dürfen. Bei Großkatzen (Löwen, Tiger, Leoparden) hat der nach oben umgebogene „Skorpionschwanz" dieselbe Bedeutung. Der hoch erhobene Schwanz kann aber genauso gut einfach Lebensfreude ausdrücken, Übermut, draufgängerische Selbstsicherheit oder eine verrückte Laune wie zu Katzenkinderzeiten.

Rückzug: „Laßt mich in Ruhe," sagt ein eingezogener Schwanz, besonders wenn auch noch die Pfoten eingeschlagen sind. Die Katze möchte sich vom Trubel zurückziehen und jetzt lieber allein sein.

Mit erhobenem Schwanz und angeschmiegtem Rücken signalisiert „Mona" Sympathie

Nervosität: Wenn Menschen verlegen sind, reiben sie sich unbewußt nervös an der Nase. Katzen zucken in solchen Situationen kurz mit dem Schwanz, – eine allgemein übliche unbewußte Verlegenheitsgeste, die ihren festen Platz im Repertoire der Konversation mit Artgenossen hat. Trotz vieler Gemeinsamkeiten entwickelt jedes Individuum zusätzlich eigene Schwanzsitten und höchstpersönliche Ausdrücke des Schwanzjargons.

Mimik und Gestik

Schon im zarten Alter von zwei Wochen beginnen Katzen im sozialen Spiel typische Ausdrucksformen anzuwenden und zu verstehen. Wie die meisten in Gemeinschaft lebenden Tiere senden sie Signale aus, die das nachfolgende Verhalten ankündigen.

Spiellaune: Das typische „Spielgesicht" erkennt man am halb geöffneten Mund. Mit gebuckeltem Rücken und aufwärts zum Körper gekrümmten Schwanz nähert sich das Kätzchen seitwärts, um ein Geschwisterchen zum Spiel aufzufordern. Häufige Schwanzschläge unterstreichen die Spiellaune. Oder es stellt sich mit geöffnetem Mund Kopf an Kopf über oder dicht neben den Kameraden, pfotelt ein bißchen, und schon entspinnt sich ein freundschaftliches Ringkämpfchen. Beendet wird die Spielrunde gern mit einer Verfolgungsjagd oder einem kurzen Luftsprung. Einige Körperhaltungen provozieren beim Partner eine korrespondierende Haltung. So kommt es, daß zwei Kätzchen schrittweise aufeinander zuhüpfen. Andere Posen wie z. B. Übertreten rufen eher die umgekehrte Reaktion hervor wie Rückenlage mit dem Bauch nach oben, ausgestreckten oder strampelnden Beinen und leicht geöffnetem Mund. Bei provozierten komplementären Verhaltensweisen kommen jeweils auch Dominanz und Unterwürfigkeit zum Ausdruck.

Jede Katze bevorzugt ganz bestimmte eigene Verhaltensmuster beim Spielen. Je nach Früherfahrungen, Geschlecht und genetischen Einflüssen wird sie Kontakt aufnehmen, auf Spielimpulse reagieren oder Spiele beenden. Ein munteres Katerchen, das frühzeitig lernte, die Schwestern mit aggressivem Spielverhalten einzuschüchtern, wird später kaum ängstlich auf lebhafte Artgenossen reagieren. Ein Einzelkätzchen, das niemals Geschwister kennenlernte, kann verängstigt und unglücklich reagieren, wenn es in seinem Heim auf eine spielfreudige Katze trifft, die immerzu rangeln möchte. Statt spielerisch zu reagieren, geht es leicht in die Defensive, wodurch sich die fröhliche Aufforderung zum Kräftemessen schnell in Feindseligkeit und Angriff verwandelt.

Neugier, Aufmerksamkeit: Gespitzte, nach vorn gerichtete Ohren,

Nasenkuß nach Waldkatzenart: Mutter und Sohn begrüßen sich

groß geöffnete Augen und nach vorn gerichtete Schnurrhaare zeigen Interesse und freudige Aufmerksamkeit an. Der Kopf ist angehoben oder leicht vorgestreckt. Selbstbewußte mutige Katzen gehen so auf alles Neue zu, um es zu erkunden und begrüßen so auch befreundete Menschen oder Tiere.

Verlegenheit: Typische Verlegenheitsgesten oder Übersprungshandlungen sind Putzen der Körperseite, haschen nach imaginären Gegenständen oder Zucken mit dem Rücken. Katzen wenden sie an, wenn sie einen Sprung versehentlich falsch gelandet haben oder bei etwas Verbotenem überrascht werden.

Vorrang: Selten demonstrieren vorgeordnete Katzen ihre Macht. In der Regel lassen „Alpha-Tiere" die subdominanten zuerst essen. Den beliebtesten Schlafplatz erobern sie statt mit Gewalt auf liebenswürdige Weise: Man schmiegt sich dicht und dichter an, beginnt den anderen zu putzen und zu wärmen, bis es dem von selbst zu eng wird und er sich freiwillig trollt.

Symbolische Ohrfeigen oder direktes Anstarren sind provozierende Verhaltensweisen aufrückender Herausforderer, die in der Hierarchie aufrücken wollen (s. Relative Dominanz).

Besitznahme: Katzen erkennen Territorium und Eigentum am Geruch und kennzeichnen das ihre entsprechend. Was aussieht wie Köpfchen gebendes, Wangen reibendes Schmusen, ist in Wahrheit Besitznahme: Mit Duftdrüsen am Kinn kennzeichnet die Katze ihren Menschen demonstrativ als ihr höchstpersönliches Eigentum. Möbel oder Bäume kennzeichnet sie kratzend mit ihrem Duft. Besondere Umstände, Streß oder starke Verunsicherung können Katzen dazu veranlassen, sich ihres Eigentums mittels Kot- oder Harnmarkierung zu versichern (s. Abschn. Ratgeber Verhalten).

Desinteresse, Angst und Abwehr: Die meisten schüchternen Katzen ziehen Beutefangspiele sozialen Interaktionen vor. Auf unerwünschte wiederholte Annäherungsversuche reagieren sie mit Drohgebärden oder Flucht.

Will die Katze mit ihrem Gegenüber momentan nichts zu tun haben, zeigt sie das souverän und überdeutlich: Demonstrativ setzt sie sich so, daß sie ihm den Rücken zukehrt. Unwillen drückt sie durch leicht seitlich weggestellte Ohren an. Fürchtet sie

Spielerisches Imponierdrohen: „Wer ist stärker?!“

sich, wird sie diskret verschwinden. Ist ihr das nicht möglich, sucht sie Rückendeckung, zieht ihren Körper eiförmig zusammen und duckt sich. Die Pupillen sind erweitert, die Ohren zurückgelegt, der Schwanz schlägt seitlich auf den Boden, eine Pfote wird drohend angehoben. Bei Annäherung des angsterregenden Gegenübers erfolgt nach kurzem Fauchen, Knurren und/oder Jaulen der Angriff mit Prankenhieben, eventuell auch Bissen.

Katzen, die zu früh von Mutter und Geschwistern getrennt wurden oder lange Zeit isoliert von Artgenossen lebten, sind oft nicht genügend sozialisiert, um Mimik und Körpersprache richtig zu interpretieren und geraten deshalb leicht anläßlich harmloser Begegnungen in böse Auseinandersetzungen mit Gefahr ernsthafter Verletzungen. Bißwunden erfordern in der Regel antibiotische Behandlung, während Kratzer meistens leicht heilen.

Gruppenleben

Matriarchat

Freilebende halbwilde Katzen bilden unter günstigen Bedingungen Kolonien von 20–30 Tieren, die in mütterlicher Linie miteinander verwandt sind. Die Katzen helfen einander bei der Jungenaufzucht und gewähren auch friedfertigen jüngeren Katern Bleiberecht. Ihr gemeinsames Leben ist durch eine hierarchische Rangordnung geregelt, die sich in bestimmten Vorrechten sowie in der Lage der Nester manifestiert. Für Katzen, die in der Wohnung leben, gelten die gleichen sozialen Strukturen.

Relative Dominanz

Die Rangordnung ist relativ flexibel und nicht linear, sondern eher konzentrisch aufgebaut. Um eine „Superkatze“ scharen sich ebenbürtig mehrere bevorrechtigte Nachgeordnete, weitere rangniedere Individuen kommen später. Zur kraftsparenden Aufrechterhaltung der Hierarchie halten die Gruppenmitglieder bestimmte Regeln ein, indem sie mittels winziger Andeutungen, meist aus der Körpersprache, einander Anerkennung der Rangordnung signalisieren. Trotzdem sind die einzelnen Positionen nicht unumstößlich festgelegt, sondern gleichsam immer im Fluß. Wird eine dominante Katze durch Krankheit oder Alter allmählich schwächer, steht sofort eine jüngere, vitalere bereit und wird den Senior solange herausfordern, bis sie Erfolg hat.

Umstrukturierungen der Rangordnung vollziehen sich innerhalb relativ kurzer Zeit. Man sollte nicht eingreifen. Wenn es über längere Zeit immer wieder zu ernsthaften Kämpfen kommt, haben die Katzen wahrscheinlich zu wenig Platz, um einander auszuweichen. Notfalls kann man tiertherapeutischen Rat einholen.

Der Katzenvater schaut nach seinen Kindern

Ratgeber Verhalten

Erwartungen

Die weitaus meisten Katzenhalter sind mit ihren samtpfötigen Hausgenossen hochzufrieden. Als typische Eigenschaften werden genannt: Eigenwilligkeit und Unabhängigkeit, Zärtlichkeit, Erotik und Anschmiegsamkeit, Verspieltheit, Sympathie, Attraktivität, Eleganz und Ästhetik der Bewegung, Ruhe, Ursprünglichkeit, Vitalität, Reaktionsschnelligkeit und Reaktionssicherheit, Problemlosigkeit, Sauberkeit, Klugheit, Lernfähigkeit und Intelligenz. Die meisten Halter wissen, daß diese Merkmale bei den einzelnen Katzen jeweils verschieden stark ausgeprägt sind und setzen individuell unterschiedliche Prioritäten bei ihren Erwartungen. Da in der Regel jedoch nur bestimmte Verhaltensmerkmale gemeinsam auftreten, andere einander eher ausschließen, kann es von daher zu Konflikten kommen. Von Haltern wird beispielsweise die Anhänglichkeit der Katze gehäuft zusammen mit Freude an Körperkontakt, Bedürfnis nach menschlicher Nähe und Voraussagbarkeit des Verhaltens genannt. Je sauberer, neugieriger und verspielter die Katze ist, desto mehr schätzen sie sie. Doch in der Realität gibt es keine Korrelation von Spielverhalten und Körperkontakt. In der Regel sind Katzen entweder Spiel- oder Streicheltypen.

Kommt es zu Problemen im Zusammenleben von Mensch und Katze, liegt es nicht selten an der Diskrepanz zwischen Erwartungsideal und real gegebenen Verhaltens- und Merkmalskombinationen. Als weitere Problemquelle kommt falsches interaktives Verhalten in Frage oder Mißachtung der biologischen und/oder tierpsychologischen Bedürfnisse.

Nachstehend werden die häufigsten Verhaltensfragen im Zusammenhang mit Katzenhaltung hinsichtlich möglicher Ursachen beleuchtet und bei Problemen Tips zur Abhilfe aufgezeigt. Sie sollen als Anregung zum eigenen Nachdenken dienen. Wer mit der Lösung eines Verhaltensproblems nicht weiterkommt, sollte sich an erfahrene Katzenhalter, Vertreter von Katzenorganisationen oder einen

Kaum können die Kleinen richtig laufen, üben sie sich im Anschleichen auf Beute – vorne klappt es schon …

Tierpsychologen wenden. Auf keinen Fall darf eine verhaltensgestörte Katze aus Bequemlichkeit einfach abgeschoben werden!

Hilfe, meine Katze …

Schreit soviel: Es ist zu unterscheiden, um was für eine Art Schreien es sich handelt. Kommt ein Kätzchen zum ersten Mal in ein neues Heim, wird es nach Mutter und Geschwistern rufen. Geben Sie ihm in ruhigem, freundlichem Tonfall Antwort, möglichst leise und in hoher Tonlage. Das Rufen wird beim Erkunden der neuen Umgebung in regelmäßig abgegebene Stimmfühlungslaute übergehen, die dem Kontakthalten dienen und der Beantwortung bedürfen. Das vermittelt das Gefühl der Geborgenheit.

Eine weitere typische Schreisituation ist die Rolligkeit der Kätzin. Sie will damit Kater auf sich aufmerksam machen. Nach der Kastration entfällt das Verhalten. Kater singen zeitweise anhaltend und laut nach Einsetzen der Geschlechtsreife. Auch hier ist Kastration die richtige Abhilfe.

Miaut tonlos: Die Katze ist wahrscheinlich weder hoffnungslos heiser noch an den Stimmbändern erkrankt. Wenn Ihre Waldkatze Ihnen geradewegs ins Gesicht schaut, den Mund weit öffnet wie zum Miauen, aber keinen Ton hören läßt, dürfen Sie sich geschmeichelt fühlen. Das „stumme Miau" ist die größte Liebenswürdigkeit, die eine Katze ihrem Menschen sagen kann.

Kratzt und beißt beim Spielen: Die Katze ist noch unerfahren und nicht ausreichend sozialisiert. Sie weiß nicht, was dem Menschen weh tut. Raufende Jungkätzchen schreien kurz auf, wenn das Geschwisterchen zu grob wird, und das läßt daraufhin sofort ab. Tun Sie es genauso, jammern Sie hörbar! Hat sie sich in den Ärmel verbissen und will nicht loslassen, hilft kurzes Anpusten, das entspricht dem Fauchen und wird als ernste Warnung verstanden.

Umgehen läßt sich das Kratzen und Beißen, wenn man von vornherein vermeidet, die Katze nach Händen oder Füßen haschen zu lassen. Verwenden Sie für Fang-, Nachlauf- und Beutespiele stets Spielsachen wie Weichball, Stoffmaus, Papierknäuel, Federn an einer Schnur usw. Dahinein kann sie Krallen und Zähne nach Herzenslust schlagen. Sie lernt Ihre Hände dann nur als futterspendende und streichelnde Hände kennen und wird sie nicht mit fangbarer Beute verwechseln.

Zerkratzt die Polstermöbel: Kratzen gehört zum normalem Ausdrucksrepertoire und dient der Krallenpflege, bei der die äußeren Krallenhüllen abgestoßen werden. Kratzen ist eine Geste des Wohlbehagens, der Selbstbestätigung und der Besitzanzeige. Die Katze markiert sichtbar und für Artgenossen geruchlich wahrnehmbar ihr Territorium und Eigentum.

Zur Schonung der Möbel stellen Sie ein oder mehrere stabile mit Sisal umwickelte Kletterbäume oder -tonnen an strategisch interessanten Stellen der Wohnung auf. Die Katze wird sie bevorzugen.

Nicht geeignet sind Fernhaltesprays. Der für die Katze unangenehme Geruch irritiert sie und kann zum Harnmarkieren anregen.

Trinkt ihr Wasser nicht: Katzen trinken grundsätzlich nur wenig, es sei denn sie bekämen sehr viel Trokkenfutter. Manche Katzen trinken lieber aus dem tropfenden Wasserhahn als aus einem Schüsselchen. Das kann am Geschmack liegen. Wahrscheinlicher ist es, daß die Katze die Wasseroberfläche im Wassernapf nicht sieht. Das ist auch der Grund, warum viele Katzen zuerst mit der Pfote ins Wasser greifen, ehe sie trinken. Durch die Bewegung der Oberfläche erkennt sie, wie weit sie die Nase senken muß und vermeidet es, sich zu verschlucken.

Macht auf den Teppich: Junge Katzen, vor allem solche, die im Freien groß wurden, kennen nicht den Bedeutungsunterschied zwischen weichem Sand draußen und dem weichen Flor eines dicken Teppichs und benutzen ihn besten Gewissens für ihre großen und kleinen Geschäftchen.

Damit die Unsitte gar nicht erst einreißt, sollten in Räumen, in welchen sich das Kätzchen aufhält, zunächst keine weichen Teppiche liegen, bis es ganz sicher die Katzentoilette benutzt. Fest verlegte Teppiche kann man eventuell in der ersten Zeit mit Folie abdecken, ebenso Betten, die das neue Kätzchen „verwechselt“.

Erbricht sich: Während des Haarwechsels ist tägliches Erbrechen der beim Putzen verschluckten Haare normal. Ebenso wäre das Auswürgen unverdaulicher Teile erbeuteter Kleinnager kein Anlaß zur Sorge. Bricht die Katze ihr soeben aufgenommenes Futter aus, war es entweder zu kalt, oder sie hat zu hastig bzw. zu viel gegessen.

Wenn die Katze mehrmals täglich ausschließlich Flüssigkeit oder Schaum auswürgt, unentschlossen dahockt oder das Essen verweigert, muß sie dem Tierarzt vorgestellt werden.

Markiert/spritzt mit Harn: Meistens markieren Katzen mit Harn wiederholt am gleichen Ort oder an einigen wenigen Orten/Objekten. Strafen ist zwecklos, da das Verhalten instinktgebunden erfolgt und zumeist auf Verunsicherung basiert. Es kann nur gestoppt werden, wenn man die Ursache sicher herausgefunden hat. Folgende Auslöser kommen in Frage:

- Die Katze wurde geschlechtsreif,
- die Wohnung wurde verändert (neue Möbel, Umstellung bekannter Möbel),

- neue Katze(n) im Haushalt oder in der Nachbarschaft,
- Beziehungsveränderung in der Katzengruppe,
- Beziehungsveränderung mit der Bezugsperson, Angst vor einem Menschen im Haushalt,
- Abwesenheit der Bezugsperson,
- neue Person(en) im Haushalt,
- Streit oder Spannungen der Menschen im Haushalt,
- Veränderung von Standort oder Ausstattung der Katzentoilette.

Mit Erkenntnis der Ursache sollte es möglich sein, eine für die Katze erträgliche Situation wiederherzustellen. Anstelle von Bestrafung sollte sie generell mehr Aufmerksamkeit und Liebe erfahren, um ihre Verunsicherung überwinden zu helfen. Das wichtigste Mittel gegen Urinmarkieren ist die Kastration, die auch in späteren Lebensjahren noch möglich ist und positive Auswirkungen hat.
Benutzt ihre Toilette nicht mehr konsequent: Wenn die vorher stubenreine Katze plötzlich beginnt, an anderen Stellen in der Wohnung Kot oder Urin abzusetzen, muß zuerst abgeklärt werden, ob sie krank ist. Sie könnte Blasenentzündung, Diarrhö oder einen Tonusverlust des Sphinktermuskels haben oder an Arthritis leiden, die ihr das Aufsuchen ihrer Toilette oder das Einsteigen erschwert. Hat der Tierarzt keine Krankheitsanzeichen gefunden, ist die Ursache auch hier manchmal auf menschliches Versagen zurückzuführen:
- Katzen sind sehr geruchsempfindlich. Ist die Einstreu naß und verunreinigt? Behindert das Dach der geschlossenen Kiste den Geruchsabzug?
- Belagern andere Katzen den Zugang zum Klo?
- Hat ein Geräusch sie erschreckt (unmittelbare Nähe von Waschmaschine, Spülmaschine, unerwarteter Lärm in der Nähe)?
- Steht das Kistchen zu nahe am Schlafplatz/am Eßplatz?
- Stehen der Katze nicht wenigstens zwei Toiletten zu Verfügung?
- Wechseln Sie zu oft die Streumarke?
- Sind die Streukörner zu groß/hart/scharfkantig?
- Ist das Kistchen zu klein/zu hoch?
- Kommt eine der unter „Markieren“ genannten Ursachen in Frage?

Nach Ermittlung der Ursache ist die Sauberkeit durch entsprechende organisatorische Maßnahmen normalerweise wiederherzustellen. Wichtig ist die gleichbleibend liebevolle Behandlung der Katze.
Streitet und kämpft: Sowohl sozialisierte als auch solitäre Katzen klären mitunter nach einer Phase friedlicher Koexistenz ihren Rangstatus mittels aggressiver Auseinanderset-

Das starke Gebiß des Sibirers kann zur gefährlichen Waffe werden

zungen. Das liegt daran, daß Katzen erst im Alter von zwei bis drei, Kater im Alter von drei bis vier Jahren vollständig in die „Katzengesellschaft" integriert werden. Viele Halter fühlen sich in das Beziehungsnetz ihrer Katzen einbezogen und versuchen zu schlichten, helfen dem unterlegenen Tier, sich zu behaupten. Das ist falsch, da auf diese Weise die kämpferische Phase nur verlängert wird.

In den meisten Fällen regeln sich Rangstreitigkeiten relativ schnell von selbst. Je schneller das Alpha-Tier seine Position etabliert hat, um so eher kehrt wieder Frieden ein. Das kann beschleunigt werden durch Loben und Bestätigung des Stärkeren. Entspannend wirken gemeinsame Fütterungen, auch Gaben von Leckereien, gemeinsames Spielen, Umstellen oder Hinzukauf von Katzenmöbeln.

Zucht

Die weitaus meisten Katzen werden als vierbeinige Freunde in die Familie aufgenommen, ohne daß zunächst an die Möglichkeit der Weiterzucht gedacht wird. Spätestens nach ein paar Monaten jedoch, wenn der Zeitpunkt der Unfruchtbarmachung näher rückt, fragt sich mancher Katzenfreund, ob sein prachtvoller Maine-Coon-Kater, seine wunderschön herangewachsene Waldkatze nicht „viel zu schade" für den endgültigen Schritt ist. Das ist verständlich. Trotzdem sollte sich jeder, der daran denkt, mit seiner Katze zu züchten, darüber im klaren sein, daß Katzenzucht nicht nur Freude macht, sondern auch besonderer Voraussetzungen bedarf. Die Qualität der Katze ist nicht allein ausschlaggebend. Wer Rassekatzen züchten möchte, muß über moralische Kompetenz, fachliches Wissen und nicht zuletzt auch gewisse materielle Grundlagen verfügen.

Allgemeine Voraussetzungen

Katzenzucht ist keine Kleinigkeit, die man nebenher betreibt. Die Verant-

Mit zehn Wochen färbt sich die Iris um; ein Kätzchen wird ausnahmsweise blaue Augen behalten!

wortung gegenüber der lebendigen Kreatur erfordert gründliche Selbstprüfung, ehe man zu folgenreichen Taten schreitet. Die grundlegenden Fragen betreffen Raum, Zeit und Geld.

- Ist meine Wohnung groß genug?
- Sind ein bis zwei Zimmer vorhanden, um die Katzenfamilie unterzubringen und, falls erforderlich, ein erkranktes oder zurückgenommenes Tier vorübergehend in Quarantäne zu halten?
- Habe ich die Möglichkeit, im Freien einen abgesicherten Auslauf zum Spielen und Klettern einzurichten?
- Bin ich in der Lage, erhebliche finanzielle Mittel für Deckgebühren, zusätzliches Futter, Tierarztrechnungen, Ausstellungsteilnahme, Fachliteratur, Inserate usw. aufzubringen?
- Bin ich bereit, meine Freizeit, z. B. auch meinen Urlaub, für die sorgfältige Jungtieraufzucht zu opfern?
- Kann ich es mir leisten, ein oder mehrere unverkäufliche Jungtiere zu behalten und über Jahre bestens zu versorgen?

Nur wer diese Grundfragen eindeutig bejahen kann, sollte ernsthaft an Zucht denken. Wer Waldkatzen züchten möchte, braucht außer den genannten materiellen Grundlagen und viel Katzenliebe vor allem das nötige Fachwissen. Hier ist die Lektüre entsprechender Fachliteratur (Rassekunde, Genetik, Verhaltensforschung) hilfreich.

Als Züchter muß der Katzenhalter Mitglied eines anerkannten Vereins sein, damit er Papiere für die gezüchteten Jungkatzen bekommen kann. Da es unter der leider viel zu großen Anzahl verschiedener Vereinigungen erhebliche Unterschiede gibt, ist gründliche Information vor der Entscheidung, wem man sich anschließen möchte, unbedingt ratsam. Gespräche mit Züchtern, ein Blick in die vereinseigenen Katzenzeitschriften und Besuche von Ausstellungen geben Aufschluß über Zustand und Niveau der jeweiligen Zuchtverbände.

In großen Organisationen findet der Anfänger bei untergeordneten regionalen Rassekatzenklubs, deren Mitglieder sich in der Regel einmal monatlich zusammenfinden, oder auch bei einer überregional agierenden Interessengruppe für Norwegische Waldkatzen, Maine Coon oder Sibirische Katzen Gleichgesinnte, die ihm mit Rat und Tat zur Seite stehen.

Die Zuchtkatze

Jede Mutter hat die schönsten Kinder, sagt man, und ebenso ist die eigene Katze immer die schönste der Welt. So sehen wir es mit den Augen der Liebe und das ist gut so. Doch wenn es um Zuchtfragen geht, muß Objektivität walten. Nur mit den al-

In dieser 1998 geborenen Sibirischen Katze vereinigen sich Vorzüge ihrer russischen Ahnen

lerbesten Vertretern der Rasse sollte gezüchtet werden! Weist die Katze nur den geringsten Schönheitsfehler auf oder zeigt sie eine minimale Abweichung vom Rassestandard (perserähnliche Felltextur, Unterbiß, Schwanzfehler), so ist sie nicht zuchtwürdig.

Da viele äußere Schönheitsmerkmale sich erst allmählich heranbilden und nur vom Fachmann richtig beurteilt werden können, ist es zweckmäßig, die Katze, ehe sie ins zuchtfähige Alter (rund 12–18 Monate) kommt, mehrmals auszustellen. Schriftliche Beurteilungen der Preisrichter weisen die Zuchtwürdigkeit einer exzellenten Waldkatze zweifelsfrei aus.

Von züchterischer Bedeutung sind außer der äußeren Erscheinung (Phänotyp) ihre Anlagen, die sie trägt und weitervererben kann, obgleich man sie ihr nicht ansieht (Genotyp). Informationen über solche Erbanlagen kann man z. T. der Ahnentafel entnehmen, die Auskunft über errungene Titel der Vorfahren bei Schönheitswettbewerben, möglicherweise vorhandene Einkreuzungen anderer Farben oder Rassen und verwandtschaftliche Beziehungen gibt, welche gewisse Rückschlüsse auf mehr oder weniger stark vertretene Merkmale in den Erbanlagen der Katze erlauben. Beim Studium der Ahnentafel kann der Rat eines erfahrenen Züchters, der viele Linien durch eigene Anschauung kennt, von unschätzbarem Wert sein.

Schließlich sollte auch der Charakter der Zuchtkatze in Betracht gezogen werden. Als Naturrassen haben sich die Maine Coon, erst recht die Norwegische Waldkatze und am auffälligsten die Sibirische Katze mit ihrem noch recht urwüchsigen Temperament ihr stark instinktgebundenes Verhalten weitgehend erhalten, das in besonderen Situationen (Ausstellung, Paarung, Jungenaufzucht) zu Nervosität, Scheu oder Abwehrverhalten führen kann. Das ist normal und sollte respektiert werden. Waldkatzen, die ausgeprägte Wesensmängel (Handscheu, Aggressivität) von Geburt an aufweisen, sollten aber nicht zur Zucht herangezogen werden.

Wenn eine Waldkatze nicht zur Zucht taugt, ist das natürlich kein Anlaß, sie zu verstoßen. Im entsprechenden Alter kastriert kann sie sich zu einem anschmiegsamen Schmusekätzchen entwickeln, seinem Halter treu ergeben und ihm nicht minder wertvoll als ein Zuchttier sein.

Die zukünftige Zuchtkatze muß kerngesund sowie geimpft und von Parasiten frei gehalten werden. Schon lange ehe sie mit rund einem Jahr zur Zucht zugelassen wird, sollte der zukünftige Züchter einen geeigneten Kater gleicher Rasse und passender Blutgruppe als Zuchtpartner ausfindig machen und mit dem Eigentümer Kontakt aufnehmen. So können wichtige Konditionen wie z. B. Höhe der Deckgebühr und vorzulegende Gesundheitsbescheinigungen vorab geklärt werden. Bei dieser Gelegenheit überzeugt man sich am besten auch von der Seriosität des Katerhalters, insbesondere was Gesundheitszustand und Unterbringung seiner Katzen betrifft.

Der Zuchtkater

Da unkastrierte Kater ihr Revier markieren, ist die Haltung eines Zuchtkaters mit Problemen verbunden. Wer möchte schon in einer Wohnung leben, die der Kater olfaktorisch dominiert, und zwar in einer für Menschennasen ziemlich unerträglichen Intensität? Harn spritzende Kater sind imstande, binnen kurzer Zeit Möbellack erblinden, Furnier abblättern, Tapeten verfärben, Putz abbröckeln zu lassen! Doch darf zwecks Schonung der Wohnzimmereinrichtung der Deckkater nicht einfach in eine enge Box gesperrt werden. Käfighaltung ist ebenso tierquälerisch

Typvoller Norweger aus schwedischer Zucht

wie dauernde Unterbringung in Bad, Keller oder beispielsweise in der Garage. Auch ein Zuchtkater braucht menschliche Nähe und Kontakt zu Artgenossen. Wo diese fehlen, sind psychische und physische Verkümmerung die Folgen, die sich in Verhaltensstörungen, Krankheitsanfälligkeit und frühem Tod äußern.

Kater, die Zugang in ein großes Freigehege mit Kletterbäumen und Wohnhöhle haben, werden ihren Markierungstrieb weitgehend draußen ausleben, so daß sie wenigstens unter Aufsicht mit in die Wohnung kommen dürfen. Vielfach kann übermäßiges Spritzen durch eine tierärztliche Behandlung mit Hormoninjektionen entscheidend eingedämmt werden, ohne daß die Deckbereitschaft leidet. Allerdings spricht nicht jeder Kater auf die Kur an.

Nur ausnahmsweise wird man einen Zuchtkater haben, der so selten spritzt, daß man ihn uneingeschränkt in der Wohnung halten kann. Viele lassen ihren Waldkater deshalb nach ein, zwei Jahren Zuchtkaterdasein kastrieren. Der Urin verliert sofort den scharfen Geruch und in aller Regel wird der Kater binnen zwei bis drei Wochen ganz von selbst wieder vollkommen stubenrein und kann problemlos ins Familienleben integriert werden.

Paarung

Im Durchschnitt tritt die Geschlechtsreife bei Katzen schon im Alter von 6–8 Monaten ein. Unsere Waldkatzen, die lange brauchen, bis sie ausgewachsen sind, zählen auch in puncto Reifezeit eher zu den Spätentwicklern. Viele Kätzinnen werden erst mit einem Jahr zum ersten Mal rollig, bei manchen Katern dauert es noch länger, bis sie sich für das andere Geschlecht interessieren.

Obwohl seit Anbeginn bei der Zucht der Waldkatzen sorgsam auf die Erhaltung unverfälschter Natürlichkeit geachtet wird, kam es im Verlaufe zunehmender Domestizierung unvermeidlich zu einer Veränderung im Fortpflanzungsverhalten. Im Unterschied zu ihren halb wild lebenden Vorfahren, die in den rauhen Gegenden Nordeuropas und -amerikas die kurzen warmen Sommer zur Aufzucht der Jungen nutzen mußten, brauchen unsere optimal gehaltenen und voll versorgten Rassetiere weder winterliche Kälte noch Nahrungsknappheit zu fürchten. In menschlicher Obhut ist deshalb der Fortpflanzungszyklus nicht mehr unbedingt an den Ablauf der Jahreszeiten gebunden. Kätzinnen, die in der Wohnung leben, können über das ganze Jahr verteilt immer wieder rollig werden, meistens im Abstand von ungefähr sechs Wochen für jeweils 3–10 Tage.

Einige Tage vor der Rolligkeit (Paarungsbereitschaft) legt die Waldkätzin zuerst ein kokettes Verhalten an den Tag. Sie miaut auffällig oft, rennt geschäftig hin und her und springt in hohen Sätzen von Möbeln direkt vor unsere Füße, um gleich wieder davonzueilen. Mit wachsender Ausdauer gibt sie Köpfchen und möchte gestreichelt werden. Schließlich reibt sie sich an allen möglichen Ecken und Gegenständen, gurrt und gluckst wie ein Vögelchen und läßt sich immer wieder seitwärts oder „überkopf" fallen, als wollte sie Purzelbaum schlagen. Sie rollt sich auf dem Boden. Wenn man ihr über den Rücken streicht, legt sie die Vorderpfoten flach auf den Boden und tretelt mit den Hinterpfoten, d. h., sie nimmt Paarungshaltung ein. Zwischendurch schreit sie markerschütternd. Nun ist es Zeit, sie unverzüglich zum Kater zu bringen, bei dem sie 3–5 Tage bleibt.

In freier Natur würde sich die paarungswillige Kätzin unter mehreren Bewerbern einen aussuchen. Darum ist es verständlich, daß sie den Zuchtkater, mit dem sie unfreiwillig konfrontiert wird, nicht ohne weiteres sofort akzeptiert. Mit schmeichelndem Maunzen, mehr oder weniger melodischen Gesängen und einer gehörigen Portion „Katerparfum" (Urin), die er an mehreren Stellen des Raumes versprüht, wirbt er stundenlang geduldig um ihre Gunst, während sie sich zunächst desinteressiert bis kratzbürstig zeigt und seine Annäherungsversuche mit Knurren und Prankenhieben quittiert, z. T. untermalt von kurzen wilden Schreien.

Sobald sie mit leisen Tönen seinem auffordernden Miauen antwortet, geht das Ritual der „Katzenhochzeit" in die Phase der Kokettierflucht über. Schließlich akzeptiert die Kätzin die Deckung, wobei sie unüberhörbar einen gellenden Schrei ausstößt. Dann fährt sie blitzschnell herum, um dem Kater eine Ohrfeige zu verpassen, wenn er nicht geschickt ausweicht. Anschließend wälzt sie sich wie wild am Boden, während der Kater sich putzt und ihr mit verwundertem Gesichtsausdruck zuschaut.

Zwar kann eine einzige Deckung schon zu Nachwuchs führen, aber da bei Katzen erst durch den erfolgten Deckakt ein Eisprung ausgelöst wird, ist es besser, wenn es zu mehreren Deckungen kommt. Natürlich hängt das auch von der gegenseitigen Akzeptanz der Katzen ab. Katzen sind allgemein außerordentlich sensibel und zeigen auch in dieser Hinsicht besondere Vorlieben und Abneigungen. So kommt es schon vor, daß die Waldkatze einen bestimmten Kater ganz und gar ablehnt und umgekehrt. Auch Katzen, die mit einem Kastraten zusammenleben, verhalten sich mitunter ablehnend gegenüber einem fremden Deckkater.

Eine Kätzin, die zum ersten Mal zum Kater gebracht wird, kann durch den unerwarteten Ortswechsel so verwirrt sein, daß sie aufhört zu rollen bzw. den Kater erst zu spät oder gar nicht akzeptiert. Bleibt die Paarung ohne Erfolg, wird sie bei der nächsten Rolligkeit gebührenfrei erneut zum Kater gebracht. Sie wird ihn und sein Domizil normalerweise wiedererkennen und sich wahrscheinlich diesmal erwartungsgemäß verhalten.

Sehr viel unproblematischer verläuft die Katzenhochzeit, wenn man Kater und Katze zusammen hält, weil Reisen und „Fremdeln" entfallen. Allzu häufigen Nachwuchs vermeidet man problemlos durch wöchentliche Verabreichung der „Katzenpille", die der Tierarzt verordnet. Erfahrungsgemäß wird sie besser vertragen als die mehrere Wochen wirksame „Antibaby-Spritze". Beide Medikamente unterdrücken die Rolligkeit. Solche Hormongaben sollten nicht über zu lange Zeitspannen ohne Unterbrechung gegeben werden. Keinesfalls sind sie ein Ersatz für die Kastration. Nicht alle Waldkatzenpaare leben stets in ungetrübter Harmonie miteinander. Immer wieder gibt es Kätzinnen, die „ihren" Kater außerhalb der Paarungsperiode nicht an sich heranlassen und spielerische Annäherungsversuche mit Fauchen, Schreien und ausgefahrenen Krallen abwehren.

Tragzeit und Geburt

Die mittlere Trächtigkeitsdauer beträgt bei Katzen durchschnittlich 63 bis 67 Tage. Bei Waldkatzen liegt die Tragzeit eher an der Untergrenze. Vom ersten Decktag an gerechnet, bringen Maine Coon, Sibirische oder Norwegische Waldkatzen ihre Jungen am 63. oder 64. Tag zur Welt, manchmal später, selten nach dem 66. Tag.

Ob die Kätzin überhaupt aufgenommen hat, können wir frühestens nach drei bis vier Wochen erkennen. Die vorher winzigen, weißen Zitzen färben sich kräftig rosa und werden allmählich größer. Viele Kätzinnen verändern auch ihr Wesen. Sie werden ruhiger als vorher und fressen mehr. Besonderes Futter braucht die trächtige Katze nicht, aber die Zusammensetzung der Nahrung muß ausgewogen und nährstoffreich sein. Vor allem die Versorgung mit Kalzium und Vitaminen ist eine wesentliche Voraussetzung für die gesunde Entwicklung der Nachkommen.

Von der vierten Woche an beginnt der Bauch sich zu runden, der Leib der Katze nimmt etwa Birnenform an. Gegen Ende der Tragzeit kann es sein, daß die Katze so dick ist, daß sie sich rückwärts nicht mehr putzen kann. Man muß ihr dann etwas helfen, z. B. mit einem feuchten, lauwarmen Waschlappen.

Schon etwa zwei Wochen vor dem Termin beginnt die Katzenmutter nach einem Nest zu suchen. Sie probiert vom Bett bis zum Wäschefach im Schrank alle möglichen Plätze zum Probeliegen aus. Nun wird es Zeit, ihr das zugedachte Wurflager zurechtzumachen. Geeignet ist ein mit kochfesten Baumwoll- oder Leinentüchern ausgeschlagener Korb oder eine Kiste, groß genug, daß die Mutterkatze sich darin bequem ausstrecken kann, aber auch nicht zu geräumig, denn bei der Geburt möchte sie sich mit den Pfoten an den Wänden ihres Lagers abstützen. Als Einlage eignet sich weißer, weicher Baumwollstoff in mehreren Lagen, z. B. kochfeste Biberbettücher mit einer wärmenden Wolldecke darunter. Handtücher aus Frottee sind ungeeignet, weil die noch nicht einziehbaren Krallen der Neugeborenen sich in den Schlingen verfangen würden.

Das Wurflager sollte sich in einem ruhigen Winkel der Wohnung befinden. Steht das Nest warm, zugfrei, ebenerdig, möglichst geschützt und etwas abgedunkelt, so fühlt sich die Mutterkatze darin sicher. Viele Züchter wählen ihr eigenes Schlafzimmer als Standort für die Wurfkiste.

Da man niemals im voraus wissen kann, ob eine Katzengeburt ohne Zwischenfälle verlaufen wird, sollte man vorsorglich seinen Tierarzt vom bevorstehenden Ereignis unterrichten. Neulinge in Sachen „Katzengeburt“ vergewissern sich am besten der Hilfe eines erfahrenen Züchters, denn auch ganz normalen Vorgängen stehen Anfänger manchmal ziemlich hilflos gegenüber. Da kann schon ein Telefonat von Nutzen sein. Im großen und ganzen besteht jedoch kein Anlaß zur Besorgnis, denn dank ihrer Instinktsicherheit bewältigen Waldkatzen auch als Erstgebärende das große Ereignis normalerweise ganz allein.

Wenn der Tag gekommen ist, zeigt die Mutterkatze besondere Unruhe. Unruhig läuft sie von einer Ecke in die andere, sucht häufiger als sonst ihre Streukiste auf. Wenn man die Katze genau betrachtet, kann man die Bewegungen der Jungen im Leibesinneren beobachten. Mitunter erlauben sie Rückschlüsse auf die Anzahl der zu erwartenden Welpen. In den Stunden vor der Geburt sinkt der vorher breit abstehende Bauch der Kätzin wie erschlafft nach unten, so daß sie von oben her schmaler wirkt. Eventuell kann man beobachten, wie etwas Schleim von der Scheide abgeht. Das ist ein Anzeichen für die einsetzende Geburt, die in aller Regel ohne menschliches Eingreifen am besten vonstatten geht. Die Kätzin braucht vor allem Ruhe und das Gefühl der sicheren Ungestörtheit, das ihr der vertraute Mensch durch seine stille Anwesenheit am besten vermittelt.

Noch blind und taub: 2 Tage altes Norweger-Baby, black classic tabby weiß

Ist nach 1–6 Stunden das Nest komplett, streckt sich die Mutterkatze zufrieden aus. Die winzigen Kleinen hängen schmatzend an den Zitzen, die sie mit ausgebreiteten Pfoten massieren. Dieser „Milchtritt“ wird als Ausdruck der Zufriedenheit oft bis ins Alter beibehalten und dann auf Kissen, Sofadecken oder dem Arm des bevorzugten Menschen ausgeübt.

Die Wurfgröße beträgt bei Katzen im Durchschnitt 3,5 Jungtiere. Waldkatzen bekommen meistens 4–6 Kinder, die sie problemlos aufziehen. Mit rund 100 g wirken die Neugeborenen, verglichen mit ihren großwüchsigen Eltern, ziemlich zierlich. Wie alle Katzen werden sie in nicht voll entwickeltem Zustand geboren. Das Gehör ist noch nicht funktionsfähig, die Augen sind noch geschlossen. Die Kleinen sind zunächst ausschließlich auf ihren Geruchssinn, ihren Tastsinn und ihr Wärmeempfinden angewiesen. Diese lebenswichtigen Sinneswahrnehmungen beherrschen sie erstaunlich gut. Schon nach wenigen Stunden kennt jeder seine spezielle „Tankstelle“ (Zitzenpräferenz) und verteidigt sie vehement gegen die Geschwister. Verirrt sich eines aus dem Nest, beginnt es zu frieren und schreit. Sofort kommt die Mutter herbei und trägt es mit behutsamem Nackengriff zurück ins warme Lager.

Innerhalb von zwei, drei Tagen lernen die Kleinen, noch blind und taub, die menschliche Pflegeperson von Fremden zu unterscheiden. Nähert sich in Abwesenheit der Katzenmutter ein Unbekannter dem Nest, beginnen sie sofort, mit geöffnetem Mäulchen zu fauchen und zu „spukken“. Doch in diese Situation geraten kleine Waldkätzchen kaum. Mit Argusaugen bewacht die Kätzin ihre Kleinen und verläßt ihr Nest nur ab und zu für kurze Momente. Besonders besorgt bewacht die Sibirierin ihre Jungen. Kaum jemandem gestattet sie auch nur einen Blick auf ihre Jungen. Sogar vertraute Katzen, mit denen sie bisher in Eintracht lebte, verscheucht sie wütend, wenn sie sich näher als einen Schritt heranwagen. Es ist darum am besten, die Katzenfamilie in einem Zimmer für sich unterzubringen.

Die Aufzucht der Jungkatzen

In den ersten Wochen erledigt die Katzenmutter die Pflege ihrer Jungen selbst. Sie nährt, wärmt und säubert sie. Auch für die Gesunderhaltung sorgt sie, denn in der ersten Muttermilch (Kolostralmilch) sind schützende Abwehrstoffe gegen Krankheiten enthalten. Mit der rauhen Zunge massiert die Kätzin die wohlgefüllten Bäuche, um die Verdauung anzuregen. Da sie die Ausscheidungen der Jungen aufnimmt, bleibt das Nest sauber.

Im Verlaufe der Säugezeit entwickelt die Kätzin täglich wachsenden Appetit. Sie braucht mehr und sehr nährstoffreiches Futter, damit sie nicht zu viele körpereigene Reserven abbauen muß. Vor allem braucht sie Flüssigkeit und kalziumreiche Nahrung. Darum bietet man ihr außer der gewohnten Fertignahrung Milchprodukte wie dünn angerührten Sahnequark, Joghurt, Babybrei mit Kondensmilch angerührt und Hüttenkäse an. Auch Fleisch, angereichert mit Vitaminpräparaten, ab und zu ein Eigelb und gedünsteter Fisch mit Vitaminflocken eignen sich. Zusätzlich bekommt die säugende Katze täglich Kalzium- und Mineralstoffgaben, sei es als Pulver ins Futter gemischt oder in Form von „Katzenbonbons“. Allerdings darf man nicht zuviel Kalzium geben, das wäre schädlich für den Knochenbau. Jedem Präparat ist die entsprechende Dosierungsanleitung beigegeben, die zu beachten ist.

Die jungen Katzen wachsen schnell. Täglich nehmen sie zwischen 5 und 25 Gramm zu und haben bereits nach einer Woche ihr Geburtsgewicht verdoppelt. Es empfiehlt sich, die Kleinen täglich zu wiegen und das Gewicht zu notieren, um Gesundheitsstörungen sofort erkennen zu können. Stagniert das Gewicht über zwei Tage, stimmt etwas nicht!

Nach zwei Wochen haben alle Jungen ihre Augen geöffnet. Sie sind zunächst blau, wie bei allen Katzenbabys. Die bisher seitlich abstehenden kleinen Ohrmuscheln entfalten sich und stellen sich auf, und das Gehör beginnt zu funktionieren. Die weißen Krallenhüllen sind abgefallen, und die Krallen können allmählich auch eingezogen werden. Die Spitzen der ersten Zähne zeigen sich. Die Kätzchen beginnen, tapsig nacheinander zu greifen. Genau sehen können sie aber noch nicht. Mit dem allgemeinen Wachstum bilden sich nun auch Fell und Farben langsam aus. Das feine, zuerst noch ziemlich kurze Haar wächst etwas länger. Einige Kätzchen, die bei ihrer Geburt vollkommen schwarz aussahen, bekommen zuerst an der Innenseite der Hinterbeinchen, dann an Bauch und Vorderbeinchen feine Streifen. Das ist der Beginn der sich bildenden Tabbymarkierung. Helle Ränder um die Augen („Brille“) kündigen Silbertabby an. Smokefärbung kann man nach den ersten Lebenswochen erkennen, wenn man das Kopfhaar teilt: die Haare wachsen an der Basis hell heraus.

Mit drei Wochen beginnt die lustigste Zeit. Die Kleinen versuchen zu stehen, zu sitzen und sich am Nest-

Ein gemütliches Plätzchen für die Familie

rand hochzuziehen. Weil die Beinchen noch nicht richtig gehorchen, geraten die ersten Gehversuche zu unkoordinierten Hopsern. Doch junge Kätzchen lernen schnell. Bald werden in der Wurfkiste regelrechte Runden marschiert, Mutters Rücken erklettert, Brüderchen ins Ohr gezwickt und mit Schwesterchen ein kleiner Ringkampf geprobt. Sogar wie man sich nach Katzenart wäscht, üben dreiwöchige Kätzchen schon.

Im Alter von vier Wochen ereignen sich gravierende Fortschritte in der Entwicklung. Die Jungkatzen haben ein durchschnittliches Gewicht von 500 Gramm entwickelt. Das Nest haben sie ausgiebig erkundet und ihre Körperfähigkeiten so weit entwickelt, daß sie, je nach Temperament, kletternd, kriechend oder hüpfend die Wurfkiste verlassen, um ihre Umgebung zu erforschen. Nun beginnt für die Katzenmutter eine aufregende Zeit, denn ihre in alle Richtungen auseinanderstrebende Kinderschar will sie bewachen und beschützen. Mit allerlei organisatorischen Maßnahmen kann der Züchter ihr dabei helfen.

Die Katzenkinderstube darf nicht zu groß sein, damit die Jungkatzen sich nicht verlaufen oder zu lange gesucht werden müssen. Wenn ein Kleines fehlt, kann es irgendwo liegen, weil es mitten im Spiel eingeschlafen ist. Man legt es behutsam ins Nest. Vor der Wurfkiste sollte eine weiche Unterlage, eventuell in Form einer schiefen Ebene, den Aus- und Einstieg für die Kleinen mit ihren noch kurzen Beinen erleichtern. Niedrige Klettergelegenheiten sollten bereitstehen (Mini-Kletterbaum). Vorsicht, daß die Kätzchen sich nicht „versteigen“! In regelmäßigen Abständen muß man kontrollieren, ob noch alle da sind. Junge Katzen im Alter von 4–6 Wochen sind noch sehr ungeschickt und überschätzen ihre Fähigkeiten. Bald sitzt eines ängstlich rufend auf dem obersten Brett des Kletterbaums und weiß nicht, wie es hinunterkommen kann, ein anderes bleibt vielleicht irgendwo hinter einem Möbelstück „stecken“, weil es zwar vorwärts, aber noch nicht rückwärts laufen kann. Nicht immer kann die Mutterkatze ihr Junges aus der unglücklichen Lage befreien. Deshalb muß man regelmäßig nachsehen und, falls nötig, helfend eingreifen.

Da junge Katzen wie kleine Kinder alles mit der Zunge auf seinen Geschmack prüfen, muß man in dieser Zeit besonders auf Sauberkeit achten, aber gleichzeitig wegen der drohenden Vergiftungsgefahr mit Reinigungsmitteln sparsam umgehen. Bei der Erkundung ihrer Umgebung stoßen die Welpen bald auch auf Mutters Futterschüssel. Natürlich wird neugierig geschnuppert und geschleckt – meistens ist es das kleinste, leichteste Kätzchen, das als erstes feste Nahrung zu sich nimmt.

Dies ist auch die Zeit, in der die Jungen lernen, ihre Katzentoilette zu benutzen. Die Streukiste der Mutter ist wegen des hohen Randes für die tolpatschigen Kleinen noch kaum zu erklimmen. Deshalb bekommen sie eine kleine, niedrige Schale, wie man sie z. B. für Katzenausstellungskäfige bekommt, dicht neben die normale Streukiste gestellt. Neugierig steigen die Kleinen ein und schnuppern an den Körnern. Wenn ein paar Streukrümel verschluckt werden, schadet das nichts. Es dauert nicht lange, bis ein spielerisches Scharren beginnt und, meist unter lautem Geschrei, das erste Geschäft verrichtet wird. Die Mutterkatze kommt herzu, um zufrieden zuzuschauen. Die Sauberkeit ist Katzen angeboren. Sie brauchen nicht so mühsam wie junge Hunde zu lernen, daß man nicht einfach überall sein Bedürfnis erledigt. Die Bereitstellung eines sauberen Streukastens in erreichbarer Nähe genügt, um die natürliche Entwicklung zu gewährleisten. Wenn in der ersten Zeit ein „Malheur“ passiert, ist das kein Anlaß zur Besorgnis. Wie kleine Kinder verspielen sich auch kleine Katzen manchmal zu lange, und dann wird der Weg zu weit ...

Zusehends entwickeln sich die Katzenbabys zu jungen Katzen. Sie haschen, jagen und putzen sich nach Katzenart. Mit sechs Wochen erklettern sie mühelos Sessel und Sofa und springen schon bald von Möbel zu Möbel. Nach dem System „Trial-and-Error“ wird alles ausprobiert. Die vorwitzigen Kätzchen überschätzen dabei leicht ihre noch begrenzten Fähigkeiten. Bald verpaßt eines die Landung auf der Fensterbank, bald miaut ein anderes ängstlich hoch oben auf dem Kletterbaum, weil es nicht weiß, wie es wieder hinunterkommen kann. In dieser Zeit der Mut- und Krafterprobung sollte man besonders darauf achten, daß unfallträchtige Gegenstände (Schnüre, scharfkantige Möbel, schwere Gegenstände, Blumentöpfe usw.) außer Reichweite sind. Besorgte Züchter legen den Boden unter Klettermöbeln eine Zeitlang mit Matratzen oder dicken Decken aus, damit es bei eventuellen Abstürzen keine Verletzungen gibt.

Da die Milchproduktion der Katzenmutter nachläßt, ist es wichtig, von nun an darauf zu achten, daß alle Jungen wenigstens einmal täglich feste Nahrung zu sich nehmen. Geeignet sind außer feuchtem Fertigfutter oder feingemahlenem Fleisch auch verschiedenste Milchprodukte: mit Kondensmilch (7,5 %) angerührter Sechskorn-Babybrei, ebenso angemachter Sahnequark, Vollmilchjoghurt, Frischkäse, alles eventuell auch mit Schabefleisch gemischt. Bestens geeignet ist auch die Verwendung von Katzennährmilch als Beifutter in diesem Alter.

Katzenmutter und Katzenkind

Mit 7–8 Wochen wird es Zeit, mit dem Tierarzt einen Impftermin zu vereinbaren, denn der mütterliche Antikörperschutz hat sich inzwischen weitgehend abgebaut. Eine Impfung gegen den lebensgefährlichen Katzenschnupfen ist unbedingt anzuraten, die Impfung gegen Katzenseuche ist Pflicht. Zur Grundimmunisierung sind zwei Impfungen im Abstand von

2–4 Wochen zu verabreichen. Bei der Impfung müssen die Kleinen frei von Endoparasiten (Würmer) sein. Die meisten Züchter führen immer eine Wurmkur prophylaktisch durch. Dem steht nichts entgegen, denn die Mittel sind in der Regel mild und verträglich. Wer trotzdem nicht zuviel eingeben möchte, kann rechtzeitig vor dem Impftermin eine Kotprobe vom Tierarzt untersuchen lassen. Ist das Ergebnis negativ, kann die Entwurmung entfallen. Ob außer gegen Schnupfen und Seuche noch weitere Impfungen notwendig sind, hängt vom Einzelfall ab und kann vom Tierarzt am besten beurteilt werden.

Kommt der Tierarzt nicht ins Haus, nimmt man die Katzenmutter mit zu ihm, damit sie unterwegs ihre Kinder „tröstet“. Der Tierarzt kann sie bei dieser Gelegenheit ebenfalls vorsorglich untersuchen und, falls sie von einem großen Wurf stark ausgelaugt ist, ihr eine Aufbauspritze injizieren.

Junge Waldkatzen wachsen, wie Menschenkinder, in Schüben. Im Abgabealter von 12–15 Wochen befinden sie sich in der zweiten Streckungsphase. Die meisten sehen jetzt eher untypisch aus, ziemlich schlank und hochbeinig, mit großen Ohren und dünnem „Rattenschwänzchen“. Augenfarbe und Fellmusterung sind noch nicht fertig ausgeprägt, das halblange Haarkleid erst in bescheidenen Ansätzen entwickelt. Bis die typische Textur mit Mähne, Höschen und buschigem Schwanz sich entwickelt, wird es noch mindestens ein Jahr dauern, wenn zum erstenmal der Winterpelz wächst. Wie in ihrer gesamten Statur sind Maine Coon, Sibirische und Norwegische Waldkatzen auch hinsichtlich ihres Haarkleides erst im Alter von 3–5 Jahren voll ausgereift.

Waldkatzen auf Ausstellungen

Wer eine sehr schöne, standardgemäße Maine Coon, Sibirische oder Norwegische Waldkatze besitzt, kann sie ausstellen, wenn er Mitglied eines anerkannten Vereins ist. Nur wenige Vereine lassen hin und wieder Nichtmitglieder ausstellen. Nicht nur Zuchtkatzen, sondern auch Kastraten können konkurrieren um Kokarden und Pokale. Da kastrierte Katzen und Kater nicht den körperlichen Anstrengungen von Paarung, Trächtigkeit und Säugeperiode unterworfen sind, erscheinen sie immer vorzüglich in Form. Wegen ihrer besseren Kondition werden sie in gesonderten Kastratenklassen gerichtet. Wie für alle Langhaarigen ist für Waldkatzen die kalte Jahreszeit für Ausstellungen am günstigsten, wenn sich der Pelz zu voller Pracht entwickelt hat.

Zwei zukünftige Ausstellungssieger im Alter von 12 Wochen

Die kostenpflichtige Anmeldung erfolgt einige Wochen vor der Schau mit einem besonderen Meldeformular beim Veranstalter. Die Katzen werden in verschiedenen Klassen getrennt nach Alter, Geschlecht und meist auch Farbe bzw. Farbgruppe beurteilt. Für die Auswahl der Best-in-Show werden die Waldkatzenrassen mit den anderen Semi-Langhaarkatzenrassen zusammengefaßt. Ist die Zahl der ausgestellten Katzen sehr gering, müssen sie auch gegen die Perserkatzen konkurrieren.

Vorbereitende Pflegemaßnahmen

Die Ausstellungskatze muß frei von Parasiten, sauber und gesund sein. Vorsichtshalber kann man sie kurz vor der Ausstellung dem Tierarzt zur Kontrolle vorstellen. Sie muß eine gültige Impfung gegen Katzenseuche und Tollwut haben, der Impftermin muß mindestens vier Wochen und darf höchstens ein Jahr zurückliegen. Die Impfung gegen Katzenschnupfen ist zu ihrer Sicherheit unbedingt zu empfehlen.

Zwar putzt sich die Waldkatze im großen und ganzen selbst so gründlich, daß sie stets hervorragend aussieht, wenn sie ordentlich gehalten und versorgt wird. Zur perfekten Ausstellungskondition gehört aber auch bei unseren Naturburschen meist noch ein kleines bißchen mehr als ausgewogene Ernährung und gelegentliches Kämmen und Bürsten:

- Ist das Fell frei von Verdichtungen oder Filzknötchen? Das an sich pflegeleichte Semilanghaar kann, vor allem kurz vor dem Haarwechsel im Frühjahr, an Höschen, Innenseiten der Oberschenkel oder hinter den Ohren einzelne kleine Filzbüschel bilden. Sie müssen rechtzeitig aufgelöst und glatt gekämmt werden. Werden sie zu groß, muß geschnitten werden, was die Schönheit des Haarkleides beeinträchtigen würde. Ausstellungskatzen werden deshalb nicht erst ein paar Tage vor der Katzenschau, sondern immer regelmäßig alle zwei bis drei Tage gründlich durchgekämmt. Das ist in wenigen Minuten geschehen.
- Ist das Ohrinnere frei von Absonderungen? Bei regelmäßiger Kontrolle kann es gar nicht erst zu schwarzen Belägen oder gar Entzündungen kommen. Normalerweise genügt es, anläßlich des Kämmens die Ohrmuscheln mit einem weichen Papiertuch auszuwischen, damit sie stets einwandfrei rein bleiben. Vorsicht mit scharfen Ohrpflegemitteln! Sie können die empfindliche Ohrinnenhaut angreifen.
- Ist der Schwanz frei von Talgablagerungen? Nicht nur Zuchtkater, sondern auch Kastraten und sogar Kätzinnen können dazu neigen.

„Amur" aus St. Petersburg entwickelte sich so prächtig, daß er manchen Ausstellungsrichtern „viel zu kolossal" vorkam!

Oft verdeckt das prächtige Haar einen ausgeprägten Fettschwanz, der auf jeden Fall der Behandlung bedarf. Man erkennt die mit Schmutz verklebte Masse an der Basis der Haare auf der ersten Hälfte der Schwanzoberseite, wenn man die Haare teilt. In leichteren Fällen genügt wöchentliches Einarbeiten und Ausbürsten von Pflegepuder. Wenn das nicht ausreicht, muß naß shampooniert werden. Achtung: Bei dunklen Fellfarben sollte man von den meist aufhellenden Pflegepudern Abstand nehmen. Hier tut statt dessen das gute alte Kartoffelmehl die besten Dienste!

- Ist das Haar am Ohransatz etwas fettig? Einige Tage vor der Ausstellung etwas Pflegepuder bzw. Kartoffelmehl rund um die Ohren einmassiert und später wieder ausgebürstet, wirkt Wunder. Das Haar steht locker und duftig um das gepflegte Katzengesicht.
- Ist das Fell durch und durch rein? Grundsätzlich erwarten die Preisrichter, daß ihnen exzellent schön gemachte, nach allen Regeln der Katzenpflegekunst vorbereitete Ausstellungstiere präsentiert wer-

den. Dazu gehört normalerweise auch ein Bad. Viele Anhänger der naturnahen Waldkatzen argumentieren hingegen, Seife und Pflegemittel widersprächen der Natur ihrer Tiere. Sie befürchten, den Originalcharakter ihrer Katzen mit zuviel Manipulation zu verfälschen. Die beste Lösung ist wohl die individuelle Entscheidung je nach den Umständen. Ob die Katze ein Bad benötigt, hängt von ihrem jeweiligen Zustand ab. Katzen, die viel im Freien sind, können sich am Erdboden, auf Bäumen oder im Gebüsch schmutzig machen. Da das Fell zum Fetten neigt, kann sich im Unterpelz Schmutz und Staub festsetzen, was zwar im Alltag nicht auffällt, doch die verlangte Ausstellungskondition stark beeinträchtigen würde. Bei weißen oder hellen Katzen ist die positive Wirkung eines pflegenden Bades ohnehin evident. Dazu wählt man ein speziell für Katzen geeignetes mildes, rückfettendes Präparat. Trotzdem kann das Haar unmittelbar nach dem Trocknen ziemlich weich und wattig oder fliegend wirken. Damit das Haar genügend Zeit hat, sich wieder „aufzubauen“, d. h. seine ursprüngliche Sprungkraft und Spannung wiedergewinnt, sollte das Bad ein bis zwei Wochen vor der Ausstellung statt-

Der Preisrichter prüft Gewicht und Muskulatur

finden. Einige Aussteller schwören anstelle des Naßbades auf die Reinigung mit Trockenshampoo, um die typische Textur des Fells nicht zu zerstören. Am besten ermittelt man frühzeitig, was für die eigene Katze am besten wirkt, damit die Katze dann zur Ausstellung auch wirklich gut aussieht.

- Manche Ausstellungsveranstalter verlangen gestutzte Krallen. Das ist eine verständliche Schutzmaßnahme für Stewards und Preisrichter. Trotzdem stellt sich die Frage, ob es gerechtfertigt ist, das stolze Tier derart zu „entwaffnen“ und man nicht besser angriffslustige Katzen gar nicht erst zur Ausstellung bringen sollte. Schließlich brauchen Katzen ihre Krallen zum artgemäßen Springen, Klettern und ausdrucksvollen Wetzen.

Ausstattung der Box

Die Ausstellungskäfige (70×70×70 cm, im Ausland meist niedriger und breiter) werden vom Veranstalter gestellt. Man näht sich dekorative Vorhänge für zwei Seiten und Rückwand, dazu einen passenden Einlegeboden und ein Ruhekissen für die Katze, die den Ausstellungstag gern verdöst. Bei der Auswahl des Stoffes bevorzugt man am besten eine gut waschbare Qualität in einer Farbe, die hübsch zur Fellfarbe der Katze kontrastiert. In den Käfig gehört ein kleines Schälchen mit Streu, das der Aussteller ebenso mitbringen muß wie etwas Futter und ein Näpfchen für Trinkwasser. Damit die Katze von den Ausstellungsbesuchern gesehen wird, bleibt die Vorderseite des Käfigs frei. Es empfiehlt sich aber, eine transparente Folie oder Scheibe anzubringen, damit die Katze vor unerwünschten Zugriffen Fremder geschützt ist.

Manche Aussteller schmücken ihren Käfig mit den zuvor gewonnenen Siegerschleifen, niedlichen kleinen Plüschsofas, Katzenbettchen und allerlei Dekorationen. Das kann sehr hübsch aussehen, doch sollte nicht derart übertrieben werden, daß man vor lauter Schmuck die Katze nicht mehr sieht. Sie ist schließlich die Hauptsache!

Wettbewerb und Kommunikation

Für die meisten Aussteller ist die Beurteilung ihrer Katze durch den extra dafür ausgebildeten Preisrichter von zentraler Bedeutung. Der schriftliche Richterbericht weist alle ihre Vorzüge – gemessen am Rassestandard – aus und enthält auch die nötige Kritik. Besonders schöne Katzen können Rassebeste oder sogar Best-in-Show werden. Aber Katzenausstellungen dienen nicht nur der Konkurrenz um Preise, Schleifen und Pokale. Sie sind ein Forum der Kommunikation zwischen Katzenliebhabern, zu dem

Katzenausstellung in ansprechender Umgebung

Katzenfans oft Hunderte von Kilometern anreisen, um Freunde zu finden, Kontakte zu knüpfen oder Fachgespräche zu führen.

Viele Katzenausstellungen erstrekken sich über zwei Tage. Für menschbezogene Waldkatzen ist es kein besonderes Problem, mit im Hotelzimmer zu übernachten. Bessere Häuser erlauben das auf Anfrage. Natürlich nimmt man ihr gewohntes Streukistchen, Lieblingsfutter und am besten auch Schlafdecke und Spielzeug von zu Hause mit. Eine gut vorbereitete Ausstellungsreise ist für den Katzenbesitzer eine schöne Abwechslung vom Alltag.

Anhang

Literatur

CLUTTON-BROCK, J. (1988): The British Museum Book of Cats, London

DAMJAN, M., SCHILLING, R. (1969): Mau Mao Miau, Zürich

DEUTSCHE RASSEKATZEN-UNION D. R. U. E. V. (1989): Rassestandards der Katzen der Welt, Köln

DEUTSCHE RASSEKATZEN-UNION D. R. U. E. V.: Katzen, Magazin für Katzenfreunde, Köln, Jg. 1995/1996/1997/1998/1999

GALLICO, P. (1964): The Silent Miaow, London

HELGREN, J. A. (1993): The Maine Coon, Cats Magazine, Port Orange, FL

MIVART, ST. G. (1881): The Cat, London

STANISLOW, S. (1995): The Maine Coon Cat, CFA Yearbook Manasquan, NJ

TURNER, D. C. (1995): Die Mensch-Katze-Beziehung, Jena

TURNER, D., BATESON, P. (1988): Die domestizierte Katze, Zürich

Winslows, H. M. (1900): Concerning Cats, Boston

Bildnachweis

Seite 2 (Frontispiz)
Breitsprecher, R., Sibirische Katzen „vom Schloßpavillon“, Radelübbe
Seiten 12, 16, 18, 21, 23, 27, 40, 44, 45, 48, 66, 88, 124, 127, 150, 164
Lück, E., Maine-Coon-Katzen „vom Opeldienst“, Hardert
Seiten 19, 39, 96, 97, Titelbild
Foto Weigl, Weinheim (Sibirische Katzen „von Muspilli“, O. Wagner, Heppenheim)
Seiten 27, 69, 71, 91, 145
Heinbokel, I., Sibirische Katzen „von Sirbah“, Viernheim
Seiten 28, 105, 107, 141, 159
Kahlfuss, B., Norwegische Waldkatzen „von der Puppenburg“, Krefeld
Seiten 31, 55, 68, 70, 72, 74
Schumacher, P., Norwegische Waldkatzen „von Auryn“, Ratingen
Seiten 33, 35, 42, 57, 60, 154
Foto Kley, Schmalkalden (Norwegische Waldkatzen „vom Schwarzen Fjord“, J.-L. Kirchner, Struth-Helmersdorf)
Seiten 36, 37, 52, 53, 152, 166, 168
Schultz, B., „Newskij's“ Sibirische Katzen, Plettenberg
Seiten 41, 54, 108, 132
Wagner, H., Heppenheim
Seite 43
Czepok, U., Maine-Coon-Katzen „of Moonlight Cats“, Cottbus
Seiten 50, 95, 139
Leumann, H., Maine-Coon-Katzen „zum Katzenrech“, Bensheim
Seiten 58, 99
Foto Oeser, Heppenheim (Eigentümer M. Hense, Heppenheim)
Seite 61
DRU, Landkern
Seiten 92, 100, 111, 117, 161
Freund, E. und T., „Little Tomlin's“ Norwegische Waldkatzen, Bochum
Seiten 93, 137, 142, 144
Foto Wegner, Lünen (Norwegische Waldkatzen „von Heiselgarden“, U. Hoheisel, Kelkheim)
Seiten 112, 113, 115
Heinz, S., Bensheim
Seiten 120, 121
EFFEM, Verden
Seite 130
RVDE, Flintbeck (Sibirische Katzen „vom Schloßpavillon“, R. Breitsprecher, Radelübbe)
Seite 149
Kazer, I., St. Petersburg
Seite 166
Dierkopf, P., Maine-Coon-Katzen „of Koi Pond“,Zepernick
Seite 169
Kohlmann, W., Heppenheim
Seite 171
Dr. Klotz, H. D., Berlin

Anschriften von Züchtervereinen

Deutschland
Cat-Club Niederlausitz e. V.,
A.-Dürer-Straße 5, 03044 Cottbus,
Tel. 03 55 / 87 35 06,
Fax: 03 55 / 87 35 28

D. R. U.,
Deutsche Rassekatzen-Union e. V.,
Hauptstr. 56, 56814 Landkern,
Tel. 0 26 53 / 62 07,
Fax: 0 26 53 / 73 71

1. DEKZV,
1. Deut. Edelkatzenzüchter-Verband e. V.,
Berliner Str. 13, 35614 Aßlar,
Tel. 0 64 41 / 84 79,
Fax: 0 64 41 / 8 74 13

FELINA e. V.,
Gundelfinger Str. 51, 10318 Berlin,
Tel. 0 30 / 5 08 81 44 und 5 43 08 77
Fax: 0 30 / 5 08 81 53

KFG, Katzenfreunde Germania,
Tiroler Str. 101, 60596 Frankfurt/M.,
Tel. 0 69 / 63 94 38,
Fax: 0 69 / 6 31 27 02

SDRV,
Süddeutscher Rassekatzen-Verband e. V.,
Bogenstr. 37, 90559 Burgthann,
Tel. 0 91 83 / 15 46,
Fax: 09 11 / 4 09 77 88

RVDE, Regionalverband
Deutscher Edelkatzenzüchter e. V.,
Sprengerteich 10, 24220 Flintbek,
Tel. 0 43 47 / 39 16, Fax: 0 43 47 / 97 67

Schweiz
Verein der Katzenfreunde Zürich,
Wallisellenstr. 355, CH-8050 Zürich,
Tel. 0041/1/3223329, Fax: 0041/3223306

Österreich
Austrian Cat Club,
Schwedenstr. 28, A-6710 Nenzing,
Tel. 00 43 / 55 25 / 6 39 76

USA
ACA, The American Cat Association,
1801 Katherine Avenue,
Panorama City, CA 91402,
Tel. 0 01 / 8 18 / 7 82 60 80

CFA, Cat Fanciers' Association, P. O.
Box 1005, Manasquan, NJ 08736-1005,
Tel. 0 01 / 9 08 / 5 28 97 97

TICA, The International Cat Association
Inc., P. O. Box 2684, Harlingen, TX 78551,
Tel. 0 01 / 5 12 / 4 28 80 46

England
GCCF, The Governing Council of the
Cat Fancy, 4–6 Penel Orlieu Bridgwater,
Somerset TAG 3PG,
Tel. 00 44 / 12 78 / 42 75 75

Interessengemeinschaften:
IG Maine Coon:
Nina Weigel-Tichy,
Mittlere Trift 8, 56357 Bogel,
Tel./Fax: 0 67 72 / 50 74

IG Norwegische Waldkatzen:
Thomas Freund, Laerfeldstr. 10a,
44803 Bochum,
Tel./Fax: 02 34 / 36 02 04

Spezialverein für Sibirische und Russische Katzen:
Koschka e. V.,
Hans Joachim Schultz, Ohlwiese 40,
58840 Plettenberg,
Tel.: 0 23 91 / 7 01 82,
Fax: 0 23 91 / 7 09 95

Askew, Henry R.

Behandlung von Verhaltensproblemen bei Hund und Katze

Ein Leitfaden für die tierärztliche Praxis.
Aus dem Amerikanischen von Kirsten Thorstensen.
1997. XI, 372 Seiten mit 25 Abbildungen und 20 Tabellen.
17 x 24 cm. Broschiert.
DM 88,– / öS 642,– / sFr 81,–
ISBN 3-8263-3138-9

Dieses Buch umfaßt alle Facetten der Diagnose und der Behandlung der bekannten Verhaltensprobleme von Hund und Katze. Jeder Problemkomplex wird anhand neuester wissenschaftlicher Erkenntnisse besprochen.

Kausalfaktoren, Diagnosestellung und Differentialdiagnose einerseits sowie die aussichtsreichsten Verhaltenstherapien und die pharmakologischen Therapiemöglichkeiten andererseits werden eingehend erläutert. Die Zusammenfassung von Themenschwerpunkten findet sich am jeweiligen Kapitelende als »Problemübersicht« und »Empfehlungen für Tierbesitzer«.

Die klare didaktische Gliederung des Buches und die in sich geschlossenen Kapitel ermöglichen dem behandelnden Tierarzt einen schnellen und präzisen Informationszugang. Der Tierbesitzer wird hilfreiche Informationen über Verhaltenstraining und Problemvermeidung finden.

»...Bestechend ist die praxisnahe Beschreibung von Fallbeispielen im Verein mit der wissenschaftlichen Aufarbeitung...«

BRASS, Hannover, Kleintierpraxis 43, Heft 5 (1998) Seiten 321-410

Paul Leyhausen

Katzen, eine Verhaltenskunde

6. Auflage.
1982. 279 Seiten mit 261 Fotos, 53 Zeichnungen in 119 Abbildungen und 6 Tabellen.
16 x 23,5 cm. Gebunden.
DM 38,– / öS 277,– / sFr 35,–
ISBN 3-8263-2766-7

Zu beziehen über den Buch- und Fachhandel!

Parey Buchverlag

Kurfürstendamm 57 · D-10707 Berlin · Infoline 030-32 79 06-59 · Fax 030-32 79 06-44
e-mail: vertrieb@blackwis.de · Internet: http://www.parey.de

Preisstand: 15. Juli 1999